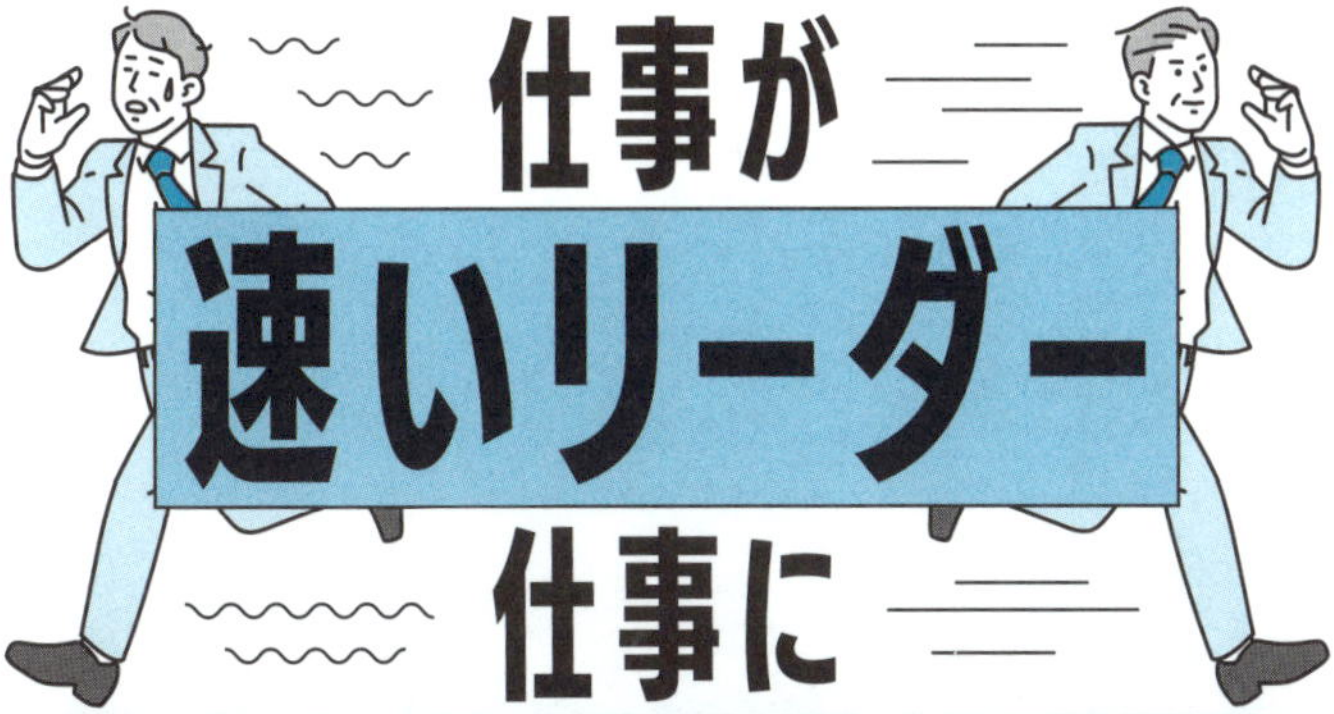

仕事が速いリーダー 仕事に追われるリーダーの時間の使い方

吉田幸弘

あさ出版

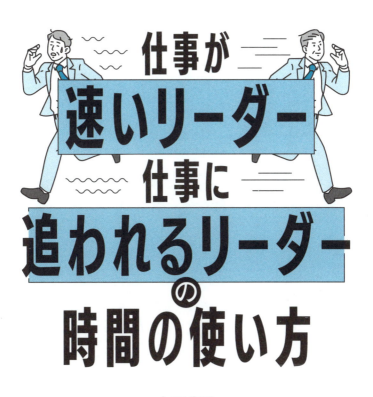

はじめに

リーダーになったとたん、多くの方がぶつかる「壁」があります。
それは、真面目に仕事をしているのに、なかなか評価されないことです。
むしろ、真面目に仕事をすればするほど、仕事に追われ、評価は下がる一方――。
ではなぜ、真面目に仕事をするリーダーほど、評価が低いことが多いのでしょうか？

突然ですが、私がコンサルタントとして面談した評価の低いリーダーたちから聞いた言葉をいくつかご紹介いたします。

「何でもすぐやるほうがいい」
「メールなどの返信は相手のためにできるだけ早く返している」
「部下のマネジメントに手を抜いてはいけないので、メンバー全員としっかりコミュニケーションをとっている」

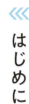

「サボっている他チームのリーダーを見て腹が立つことがある」

「休憩はしっかりキリのいいところまで終えてからとる。中途半端はいけない」


いかがですか？

「彼らのリーダーの評価が低いのはなんでだろう？　むしろ、できるビジネスパーソンじゃないか？」と感じたかもしれません。

確かに、彼らは真面目に仕事をされていました。ですが、リーダーとしての評価が低いのも理解できました。


続いて、評価が高いリーダーたちの言葉もご紹介しましょう。

「今日でなくて明日に先延ばしできないかな？」

「忙しいから、あの定例会議、もうやめられないかな？」

「ニュースとか、そこまでこまめにチェックしていない」

「わざわざメールのＣＣに上司を入れなくていいよ」

「苦手な部下とは無理に接点を持たないようにしている」

一見、無責任にも思える言葉もあり、「リーダーはもとより、ビジネスパーソンとして失格ではないか」と思うかもしれません。

しかし、現代のリーダーとしては、この姿勢が大事なのです。

働き方改革により、今は「仕事を減らす」という思考を強く持って仕事をすることが求められる時代です。

さらにリーダーは、決裁などの仕事を止めてしまわないように注意する必要があります。時間に対して高い意識を持ち、その価値を理解して仕事をすることが、リーダーとしてのパフォーマンスを上げることにつながります。

「仕事を減らす」ことで余裕ができるので、部下にとって、会社にとって、必要なタイミングで決裁や緊急な事案に対応することもできます。

心が穏やかにいられるので、物事をフラットに見て判断することもでき、部下の状態にも目を向けることができるので、チームの人間関係も良好です。

「仕事を減らす」といっても、やみくもに仕事の量を減らすわけではありません。

「リーダーでなくてもいい仕事」「あなただからこそしなくていい仕事」を減らすだけです。

昨今、プレイングマネジャーという形態でリーダーを務めている人が少なくありません。そのため、プレイヤーの仕事にプラスしてリーダーの仕事をし、苦労している人をよく見かけます。

「こんな状態で、どうやって仕事を減らせるのだろう」、そう思った人もいるかもしれません。

本書を手にしてくださった皆さんに、お伝えしておきたいことがあります。

プレイヤーとリーダーとでは、そもそも仕事がまったく違うということです。

そして、プレイヤーの時間術とリーダーの時間術は全然違うのです。

ここで少し私のことをお話しさせてください。

私は日々、リーダーや管理職の方々に、セミナーや講演、コンサルティングなどをしています。おかげさまで好評をいただいており、累計の受講者数は3万5000人を超えています。

こうした場を通して、涼しい顔をして仕事の速いリーダーと、常にバタバタと時間に追われるリーダーと出会い、その人たちの仕事ぶりを見て、時には現場のリーダーとコーチング面談をするなどして、この差は何だろうかと考え、研究してきました。

その結果、時間に追われるリーダーにこそ真面目な人が多いこと、さらに、リーダーの仕事は「テクニカルスキル」を高めても速くならないことがわかったのです。


では、何が必要なのでしょうか。

それは「ヒューマンスキル」と「感情のコントロールスキル」です。

ところが、多くの時間術の本には、テクニカルスキルしか紹介されていません。

そのため、うまくいかないのです。

「ヒューマンスキル」と「感情のコントロールスキル」を理解することで、リーダーだからこその時間術が身につきます。

今でこそ、こうして皆さんにお話ししていますが、私自身、以前から「時間の使い方」が上手だったわけではありません。会社員時代、リーダー職を務め始めたときは、長時間残業をしても仕事が終わらず、そのイライラをチームのメンバーにぶつけてしまい、降格人事に3度も遭っています。その中で、「コミュニケーション術」や「感情のコントロール術」を学び、「リーダーシップ」や「マネジメント」のスキルを確立し、ようやく結果が出せるようになり、今のような仕事をしています。

研修やコンサルティングでは、こうした経験とともに確立した「リーダーだからこその時間術」をお伝えしているのですが、毎日遅くまで仕事をしていたリーダーの方たちが、定時に帰れるようになっています。

本書では、その中から特に効果が高いもの、評判が良かったものを中心に、仕事を早く終わらせるリーダーの時間の使い方、心の整え方、集中力の高め方、部下とのコミュニケーション術、生産性の高め方などを、仕事に追われているリーダーの思考や悪い行動習慣と対比させながら、紹介しています。

「仕事に追われるリーダー」を脱却し、「仕事が速いリーダー」になってください。

2025年1月

リフレッシュコミュニケーションズ　吉田幸弘

第1章　リーダーにはリーダーの時間の過ごし方がある

第2章 自分の心を整えることで時間を有効活用する

第3章 集中力を高めるタイムコーディネート術

第4章 会議こそ、工夫次第で時短ができる

第5章 時間をムダにしない資料作成術

第6章 コミュニケーションツールはルールで時短を図る

第7章
適材適所でチームを運営することでムダな時間がなくなる

第8章
部下とのコミュニケーションで仕事時間が変わる

第9章

自分を成長させる時間術

第1章

リーダーにはリーダーの時間の過ごし方がある

1

仕事に追われるリーダーは手帳を真っ黒にし、仕事が速いリーダーは手帳に空白があっても予定を入れない

リーダーになって、ますます忙しくなったAさん。
会社やチームの仕事をすることや参加する会議なども増えたことから、計画的に、またリーダーとして、精力的に仕事をし、自己研鑽をしていかなくてはと、日々のスケジュールを時間単位で管理し、空いている時間を見つけては新たな予定を入れ、常に手帳は真っ黒です。

Aさんには Bさんという同期がいます。
2人は同時にリーダーになったのですが、その働き方は真逆でした。
Bさんはよほどのことがない限り、予定が入っていない時間を毎日最低1~2時間は確

保していました。

さらに担当する仕事の総量も、Bさんの実力からすると少なめの8割の量で見積もっていました。

Aさんとは対照的に、手帳は白地ばかりで、Bさんの実力を知っているAさんからは「サボりすぎだ」と言われるほどでした。

さて、この2人はその後、どうなったと思いますか？

Aさんは、精力的に仕事に取り組み、スケジュール通りに活動することでうまくいっていました。ところが、新たなプロジェクトを任されたり、部下から相談や報告を受けたり、急なトラブル対応を任されたりなど、リーダーならではのさまざまな仕事が飛び込んでくるようになり、残業をしたり、休日も家で仕事をしたりすることが増えていき、気づけば、常に仕事に追われている状態に陥っていました。

時間も心も余裕がないため、ミスまで出てくる始末。自分の仕事に集中したい。けれども、承認案件などはAさんが決裁しないと部下や会社の業務が止まってしまう……。結局、自分の担当する仕事を後回しにして、どうにかこなす日々となり、Aさんは日に日に精彩を失っていき、それと共にAさんのチームも疲弊していきました。

一方、Bさんはというと、Aさんと同じように、部下から相談や報告を受けたり、急なトラブル対応を任されたりなど、さまざまな仕事が飛び込んでくるようになり、どんどん忙しくなっていきました。

しかしBさんには、毎日最低1～2時間の〝サボり時間〟があるので、その時間帯を急な割り込み仕事などの対応に使い、他の仕事に支障をきたすことなく進めることができています。


私が今まで出会ってきた部下に信頼されるリーダーは皆さん、この「サボり時間」を確保していました。**むしろ、「サボり時間」からスケジュールに書き込み、予定を入れていくほど徹底しています。**

「サボり時間」は別名、「何に使ってもいい時間」（ただし、ランチの時間をここに当て込むのはNG）であり、「魔法の時間」です。

「サボり時間」があることで、リーダーは次のようなことができます。

1　ボトルネックにならずに済む

リーダーだからこその仕事、「決裁」。これは、誰も代わりができないうえに、決裁が遅れてしまうと、その分、部下や後輩の業務が進まなくなる、他社へとられてしまうという事態が起きかねません。

リーダーが頑張れば頑張るほど、組織のボトルネックになってしまうのです。これは不幸な状態です。「サボり時間」の確保でボトルネックにならずに済むのです。

2　メンバーとの信頼関係が高まる

リーダーが予定でいっぱいになってしまうと、メンバーの相談に乗る時間がとれません。乗れたとしても時間外で対応するか、できるだけ簡潔に済ますことになってしまいます。

実際、「部下が新規の企画を提案してきても、上層部の説得が面倒だから無理だと断ったことがある」「いつも忙しそうな雰囲気を醸し出しているため、部下が連絡も、相談もしに来ない」といった声をよくリーダーたちから聞くのですが、彼らは決まってそのあと、「でも、しょうがないですよね」と続けます。状況を受け入れてしまっているのです。

しかし、こんな対応を日々続けていては、部下はリーダーに相談できないどころか、信頼することもできません。1on1ミーティングのときだけ、「何でも聞くよ」といった雰囲気を出しても、部下からすると「パフォーマンスばかり」と感じ、どんどん心が離れていってしまうでしょう。さらに、部下とのコミュニケーションが簡潔になればなるほど、部下はリーダーの考え方を知ることができなくなってしまいます。

部下と向き合う時間を確保することで、部下と信頼関係を築くことができるうえに、部下の成長を促すこともできるのです。

3　空いた時間で長期的視野を持った仕事に取り組むことができる

ビジネス環境の変化のスピードが激しい現代では、常に新しいビジネスを考えていかなければなりません。

予定をあらかじめ組むとなると、つい目の前の仕事を優先にしてしまいがちです。

やることが決まっていない「サボり時間」を設けることで、長期的な仕事に目を向け、取り組むことができるようになります。

4　やる必要のない仕事を排除することができる

リーダーは、忙しいからこそ、手がける仕事を的確に選ぶ必要があります。

手帳を真っ黒にしようとすると、空いている時間を潰すために、「やる必要のない仕事」を組み込んでしまったり、時には無理に作り出したりすることにもなりかねません。

「サボり時間」をつくることで、仕事に使える時間を絞り、その中でできることを絞ることで、やる必要のない仕事を排除することができます。

このような観点からも、リーダーは手帳に余白を残しておきましょう。

手帳を真っ黒にしようとして「やる必要のない仕事」を作り出すのはおかしな話です。

リーダーが暇であるのはチームによくない影響があるのではと思うかもしれませんが、**「非常事態に頼りになる」「よく相談に乗ってくれる」「決裁などを早くしてくれて案件を止めない」といった3点が確保されていれば、部下は信頼してくれるものです。**

POINT 1

リーダーだからこそ、「サボる」ための時間を確保する

2 仕事に追われるリーダーは「やらなきゃならない」と考え、仕事が速いリーダーは「やらない」前提で考える

仕事に追われているとき、まずは目の前の仕事を片付けることに注力しませんか？

そうでないと前に進まず、仕事が回らないからです。

では、質問です。

目の前の仕事は、本当にリーダーであるあなたが〝やらなきゃいけない〟仕事なのでしょうか？

リーダーになってから、毎日忙しくて睡眠時間も満足にとれていないというCさん。

彼は、「やるべき」が口癖で、「リーダーなのだから頑張らないと」「リーダーなのだから、忙しくて当たり前」と言って仕事を続けていました。

「リーダーなのだから、忙しくて当たり前」

皆さんも多かれ少なかれ、そう思っているのではないでしょうか。

実際、本当に忙しいことでしょう。でも、リーダー自ら忙しくしてしまっていることが少なくないのです。

Ｃさんは、まさにその典型でした。「リーダーらしくいないといけない」という思い込みにとらわれ、「リーダーは忙しくあるべき」「(周りにも) アピールしないと」という意識が働き、自ら余計な仕事にも手を出し、忙しくしていたのです。

リーダーが無意識のうちにやりがちな余計な仕事は、主に次の５つです。

１　自己満足の仕事

資料を作成する際、色遣いを華やかにしたり、細かく図表を作ったり、フォントの大きさや種類にこだわったりするなど、必要以上に労力を割いて取り組むことです。

コンペであれば、デザインが重視されたりする場合もあるでしょう。しかし、社内資料など、デザインがさほど求められないときにまで同じように時間をかけて作っていては、時間と労力のムダ遣いであり、余計な仕事となるのです。

2　部下だけで決定できる仕事への関与

部下が進めているプロジェクトの管理もリーダーの仕事です。

だからといって、部下だけで完結できる仕事や意思決定できる仕事にまで口を出していては、いつまでたっても部下は成長しませんし、その結果、仕事の進行が遅くなってしまったり、余計な手順が増えてしまったりすることにもなります。

3　念のための仕事（社内への過剰アピール）

「リーダーとしてきちんとしていると思われなくてはならない」という焦りと不安を払拭したい気持ちから、過剰に仕事をしてしまうことです。

会議用の資料に、「念のために」と意思決定に必要ない情報を記載したり、上司がちゃんと自分の頑張りをわかってくれているか「念のために」確認する打ち合わせなどです。

4　やる理由のない仕事

「決まっているから」「前からそうしているから」といった理由で行われている仕事の中には、もはや「やる理由がなくなっている仕事」もあります。

以前、業務改善のコンサルティングをした会社には、「専務しか見ない報告書」というものが存在していました。その専務は２年前に定年退職していたのに、です。

記入する項目が多い書類も、１つ１つ見ていくと、誰も参考にしない「書く必要がない項目」が紛れていることもあります。些細ですが、積み重ねたらかなりの時間になります。

5 アリバイづくりの仕事

「申請書類の書式を変える」「業績アップ・部下の成長につながらない見せかけの研修の実施」「不要なマイクロマネジメント」などムダな業務があります。「結果よりプロセスが大事」なのは確かですが、結果につながらないプロセスは何の意味もなさないでしょう。

余計な仕事＝やらなくていい仕事を「やらない」だけで、忙しさは緩和されます。

１日に仕事に費やせる時間は決まっています。

新たに仕事が１つ増えたら、既存の仕事を１つ減らしましょう。

POINT 2

余力があっても「一増一減主義」で仕事を整理し続ける

3

仕事に追われるリーダーにとって休憩は「とれたらとるもの」であり、仕事が速いリーダーにとって休憩は「予定」である

かつて会社勤めをしていたときの私の上司は、非常に仕事熱心で、休憩はとれたらとるというスタンスで、基本的にはランチ休憩もとらず、あまり休まない人でした。

彼の部下であった私や周囲の人間も、ランチはおにぎりやサンドイッチなどを休憩室で食べて、10分や15分で終わらせていました。休憩をとることは悪いことである、という考え方になっていたのです。ぶっ続けで仕事をするため、夕方にはくたくた。結局、仕事が終わらず、残業続き……。そんな毎日でした。

一方、隣のグループのリーダーは、毎日しっかりランチ休憩をとる人でした。**スケジュール帳にもランチの時間を書き込み、休憩を1つの予定としていたのです。**

リーダーがしっかり休憩をとるため、隣のグループのメンバーも皆、休憩をとるのが当たり前で、他部署のメンバーとランチに行って会話をしたり、昼寝をして休息したり、語学の勉強をしたり、ビジネス書を読んだりすることでスキルアップに充てていました。

それぞれで休憩をしっかりとるため、午後も元気に仕事ができていたのが印象的でした。振り返って考えてみると、隣のチームの成績はどんどん伸びていき、私がいたチームは、頑張っているのに成績が振るわなかったように思います。

人は長時間休みなく何かに集中し、全力を出し続けることは不可能です。

仮に「今日は集中できるな」と思っていても、知らぬ間に疲労が蓄積しています。目や頭など、体が疲れてくると連動して、心が疲弊してしまいます。

頭が疲れ、心が疲れていると、思考が鈍り、判断も鈍ります。

リーダーの仕事は、部下やチームのこと、組織に関することなどについて考え、判断することが多々あるので、疲れていたら、的確な判断ができなくなります。

リーダーだからこそ、しっかり休憩をとることが必要なのです。休憩をとることも仕事であると言ってもいいでしょう。

休憩時間をしっかりとるには、あらかじめ仕事の終了時間を定めて動くことになります。すると、1つ1つの仕事にかける時間を否が応でも意識しなくてはならなくなり、**「締め切り効果」も作用して仕事の能率が上がり、結果、1つ1つの仕事にかける時間が少なくなります。**

また、休憩時間にさまざまな情報を仕入れることができるため、違った角度で物事を考えられるようになり、時として新しい仕事を生み出すことにもつながります。

リーダーの仕事は、自身の仕事を回す以上に、チームのメンバーの仕事を支え、成績を伸ばしていくことが求められます。

そのためには、部下が高い集中力で仕事ができるような環境を作らねばなりません。そもそも休憩は、心と体を万全な状態に保つために必要なものです。ですから、メンバーに意識的に休憩を確保してもらう必要があります。

先ほどお話しした、ランチ休憩をとりにくい私の以前の職場のように、リーダーの行動に対して、リーダーが意図していなくても部下が勝手に同調圧力を感じて非効率的な仕事の仕方をしてしまうこともあり得ます。

リーダーは、リーダー自身が思っているより、メンバーにさまざまな影響を与える存在です。

チームを支えるためにも、休憩は戦略的にとり、チーム全体にとって良い環境を整えていきましょう。

そのためにも、リーダーは皆に見える形で休憩をとるようにしていきましょう。休憩をとるのも1つの仕事といった位置づけにしてしまいましょう。

POINT 3

休憩は毎日「とるもの」として予定する

4

仕事に追われるリーダーはできるだけ「早くやらなきゃ」と考え、仕事が速いリーダーはできるだけ「遅くできないか」と考える

人は誰かに何かを求められると、できるだけ良い対応をしてあげようとしがちです。

仕事が立て込んでいるのに、「大丈夫。すぐやるよ」と引き受け、もともとの予定を調整して取り組む。

「3日後でいい」と言われたのに、「早くやらなきゃ」と残業してでも早めに仕上げる。

このような仕事に真面目に取り組む姿勢は素晴らしいことです。

ですが、リーダーの場合、この真面目さが、仕事がうまくいかない要因になることがあるのです。

営業部のリーダーＦさんは、常に「スピード」を意識して仕事をする人で、「すぐやる」「速くやる」を何より優先し、来た仕事、さらに頼まれたことや相談されたことは、どんどん手をつけて対応していました。

納期に余裕があったとしても、残業して依頼されたその日に着手し、前倒しで納品していました。例えば、こんな具合です。

・同僚が企画のヒントになると送ってきた資料をすぐさまダウンロードして読んだ
・上司が朝、突然送ってきた企画を、午後イチで仕上げた
・お客様への提案書を４日後が締め切りなのに、早々と仕上げた

営業マン時代、誰よりも速い対応を目指し、心がけていたところ、上司からもお客様からも大変評価が高かったため、リーダーになってからも、そのスタンスを崩していないのです。

しかし、その結果、Ｆさんは常に仕事や時間に追われ、表情には余裕がなく、はたから見ても疲れ果てていました。Ｆさんのチームメンバーは、そんなＦさんに気を遣い、ちょっとした雑談や相談をしなくなり、職場は静かになっていきました。

一方、Ｆさんの隣のチームのリーダーＧさんは、仕事において「スピード」を重視しないスタンスでした。

来た仕事、頼まれた仕事に関しては、「今日頼まれたことを今日やる必要はない」と言い切り、「○日だったらできる」と自ら納期を提案したり、「最大でいつまで待てるか」を確認したりしたうえで引き受けるのです。

「明日まで待てないほど、緊急な仕事はない」というマニャーナの法則があります。

Ｇさんは、この法則を活用していたのです。

具体的には次のように心がけていました。

1　わざと遅めの期限を言う

相手　「ナルハヤで資料を作成してほしい」

Ｇさん　「わかりました。明日の夕方になら着手できそうです」

相手　「明日の正午までには欲しいのですが……」

Ｇさん　「う～ん。ただ予定がいっぱいだし、無理してミスをしたらいけないから」

相手　「ちょっと確認します」

どうしても相手が明日の正午に必要だと言えば対応しますが、たいていの場合、スピードよりもGさんに確実に対応してもらうほうが大事なので、調整できないかどうか、相手も考え、お互いにとって都合の良い落としどころを提案してきます。

何か言われたら「ミスをしたらいけないので」と言えばいいでしょう。

さらに常に「遅めの期限を回答する」スタンスでいることによって、無茶な短納期の依頼をされることがなくなってきます。もちろん、リーダーもよほどのことがない限り、部下に短納期の依頼はしないように心がけましょう。

2 期限のない仕事は「やらない」という選択をする

相手　「企画を見てほしいのですが」
Gさん　「いつまでに必要ですか？　それによっては受けられない可能性があります」
相手　「お手すきのタイミングで。いつでもいいのでお願いしたいです」
Gさん　「う〜ん。いつでもいいのであれば、そもそも、まだやる必要がないのでは？」

本当に大切な仕事なら、相手にも「木曜日の16時までにやってほしい」というように期限を明示してきます。逆に期限のない仕事は相手の思いつきだったり、「必要のない仕事」であったりするケースがほとんどです。

スピードの必要性に疑いを持つと同時に、そもそもの仕事自体の必要性にも疑いを持つことで、その仕事をやるべきタイミングを適切なものにするのです（ムダに動く必要がなくなる）。

3　メールや電話の即レスをしない

A「○月×日　イベントを行います。△日までに出欠のお返事をお願いいたします」
B「○月×日に△△を100セット納品してください」
C「仕事の相談をさせていただきたいです。ご都合の良い日をご教示ください」

メールや電話には即レスをしたほうがいいと思いがちです。
もちろん重要な案件や大口顧客の依頼、すぐに対応しなければならない緊急の事態（クレーム対応）などの場合は、早い対応をする必要があります。AやBのようなメールには、できるだけ早く返事をしましょう。

ですが、平時はできるだけゆっくりめの返事をするようにしましょう。Cのようなメールは、相談の内容によっては即レスでなくてよいでしょう。

リーダーの返事のタイミングは、チームメンバーの仕事に関わってきます。

できるだけゆっくり目に返事をすることを徹底していけば、「この人はムダに急いではくれない」と相手も感じ、何か仕事を頼むときも、作業に必要な時間を確保したうえで、本当に必要な納期を明示してくれるようになります。

実際はそこまで緊急性はないのに緊急性があるように見えるのが「偽りの緊急性」です。仕事は次から次へとやってきます。そのうえ、リーダーは自分自身の仕事以外にも関わる必要があるので、緊急性のある仕事が多く発生します。

本当の緊急事態に即対応できるように時間を確保する必要があります。期限を遅くすることで猶予を確保するのです。

POINT 4

期限は最大限遅く設定し、自由に動ける時間を確保する

5

仕事に追われるリーダーは「重要度」を基準にし、仕事が速いリーダーは「数値」を基準にする

仕事は重要なものを優先すべき。

そう考えている人は多いでしょう。

仕事の優先順位をつけるときによく使われるのが、『7つの習慣』(スティーブン・R・コヴィー著、フランクリン・コヴィー・ジャパン訳、キングベアー出版)にある、「重要度」と「緊急度」という2つの軸を使って4つの象限に分けていく方法です。

ビジネススキルの柱として上司や先輩などから学んだ方もいるのではないでしょうか。

4つの象限は次の通りです。

1 重要度も緊急度も高い仕事

2　重要度は高いが、緊急度は低い仕事
3　重要度は低いが、緊急度は高い仕事
4　重要度も緊急度も低い仕事

1の仕事が最重要で、2、3、4と続きます。

実は、リーダーの仕事術として見ると、この方法には大きな落とし穴があります。

リーダーには、日々様々な仕事が回ってきます。「1　重要度も緊急度も高い仕事」も数多いでしょう。

このとき、本来は2番目に重要な「2　重要度は高いが、緊急度は低い仕事」は後回しにしてしまいがちですが、この「2　重要度は高いが、緊急度は低い仕事」は、時間が経過するにつれて、「1　重要度も緊急度も高い仕事」になっていくものです。

つまり、リーダーは先を見越して「1　重要度も緊急度も高い仕事」とともに「2　重要度は高いが、緊急度は低い仕事」も同様に進める必要があるということです。

3月決算の会社があり、今は2月だとします。

このときリーダーは、その年の後半の売り上げになるお客様の開拓は後回しにして、現状の数字、つまり、3月までに売り上げを計上できるお客様だけを追いかけがちです。

もちろん、現状の数字を追いかけて目標を達成することは大切です。

しかし、リーダーは俯瞰的な視点、長期的な視点を持たなければなりません。下期以降の売り上げを構成するためのお客様の開拓、あるいは新商品の開発、営業エリアの見直し計画などを後回しにしてはいけません。

2カ月後には、新年度が始まり、その期の売り上げとして**「1　重要度も緊急度も高い仕事」**になるからです。

仕事が速いリーダーは、優先順位づけの基準を「数値」にしています。数値なら具体的だからです。

「重要度」は人によって解釈が分かれるので曖昧ですが、ここで言う数値とは、成果の大きさです。

売り上げであり、コスト削減（費用・時間）です。

例えば、2日以内に見積もりを出してほしいという仕事が2種類あるとします。この場合、1つは100万円の売り上げが立つ仕事、もう1つが1000万円の売上が立つ仕事だったとしたら、後者を優先させます。

成果の大きさを基準にして優先順位づけをしていくのです。

そして、もう1つ、**「実現度」も重要です。**

シンプルに受注の可能性が高いもの、ということです。タイトな納期のものや受注見込みの低いもの（先方の担当者の思いつきや取引がまだない相手で、既存の取引先との関係のほうが濃厚である場合）などは優先順位を下げるようにします。

もちろん実現の可能性は、担当者の恣意的な判断にも多少左右されるでしょう。

思い入れの強い仕事や、かつては大きな売り上げを得られていたお客様の仕事をつい優先してしまいたくなることもあるでしょう。そんな偏りを防止するためにも、リーダーはある程度の基準を数値で明確にする必要があります。それが部下の指針にもなります。

POINT 5

リーダーは数値で判断する

6 仕事に追われるリーダーは「終了日」を決め、仕事が速いリーダーは「開始日」を決める

仕事が遅れがちな人は、たいてい着手が遅いものです。

当然、着手が遅れれば、期限に向けて大変になります。つまり、時間に追われるようになります。

ですから、よくあるのが「いつまでに終わらせる」と終了日を期日の前に決める方法です。

中間報告などを織り交ぜる際も、これを言う人は多いでしょう。

また、上司に中間報告を求められて、指定日の前日に徹夜で終わらせたなどという経験がおありの方も少なくないかと思います。しかし、このような中間報告は品質を担保していないことも多く、形式だけでやり直しが多く発生したりしてしまいます。

そもそも、人は何かを始めるのを先延ばしにしてしまいがちです。
主な理由を挙げていきましょう。

1 完璧な状態を待っている

「完璧な状態になったら始める」と考える人がいますが、そもそも新しい仕事を１００％完璧にできる状態への到達はいつまで経ってもないでしょう。また、１回だけでうまくできる人はそんなにはいません。そもそも新たなスタートに適正なタイミングはいつまで待っても来ないものです。

2 漠然と恐れている

新しい仕事を始めるときは漠然とした恐怖感を持ってしまいがちです。しかし、この漠然とした不安の塊は、行動を起こすことでほとんど崩れます。一方で、「やらないと」「大丈夫かな」といった不安は頭の中を占め続けるので、時間を奪われ、仕事にも悪影響が出てしまいます。

3　時間不一致現象に陥っている

人は、同じことでも実行する時間帯によってその難易度が変わってくると感じてしまうものです。私自身、今書籍を書いていますが、根拠のない「上達」を信じています。例えば、今はあまり筆が進んでいないけど月末になったら加速すると勝手に思っています。もちろん「締め切り効果」が作用することもあるのですが、「上達」の根拠はないものです。

このように、人は3日後、1週間後、1カ月後に上達していると考えてしまいがちです。

一方で、仕事が速いリーダーは「実行日、(いつからやるか)」を決めてしまいます。とはいっても先延ばしにしてしまう人もいるでしょう。

そのような方は次のようにするといいでしょう。

1　公開宣言をしてしまう

「いつから始める」と皆の前で宣言します。人は言行不一致を嫌いますので、行動を起こそうとします。「言っていることとやっていることが違う」という否定的評価はされたくないものです。また、これは開始時期だけでなく、続けるという意味でもかなり効果的です。

2 ひと口サイズの仕事だけを選んでする

例えば、企画書を作成するなら「目次をつくる」、電話営業をするなら「1件だけあまり乱暴な対応をしない業種の会社に電話してみる」、新人を採用するなら「採りたい人物の像を設定する」など、1つだけでも進めましょう。このような「ひと口サイズの仕事」ならうまくいくことも多く、小さな成功体験を得られ、前に進めます。とにかくタスクを分解して、ひと口やってみることが大切です。

仕事は、開始する前のハードルは高いですが、開始してしまえば半分は終わったようなものです。

先延ばしをやめるためにも、着手せざるを得ない環境にしてしまうのです。

全体の工程を分割したりすることで、着手するハードルを下げるようにしましょう。

「いつまでにやる」ではなく「いつからやる」と開始日を決めてしまいましょう。

POINT 6

仕事はスタートが肝心

7 仕事に追われるリーダーは「積み上げ思考」、仕事が速いリーダーは「逆算思考」

Hさんは、新商品のプロモーション動画の作成の責任者になり、1つ1つの工程をあぶり出し、次ページのように分けました。**第1工程に1時間、第2工程に2時間、第3工程に4時間かかるというように作業時間を見積もります。いわゆる「積み上げ思考」**です。

実際に進めたところ、さまざまなアクシデントが起きてしまいました。

例えば、第5工程で動画を撮影している際に、カラスの大きな鳴き声が入ってしまって撮り直しになりました。

台本の精度が甘く、急遽つくり直しとなり、その分の時間がとられました。

動画編集をするはずの人間が体調を崩し、2日休んでしまいました。

新商品のプロモーション動画　制作工程表　Hさん作成

第1工程　全体のスケジュールを考える……………… 1時間
第2工程　新商品の特徴をブレストする……………… 2時間
第3工程　パワーポイントで資料を作成する……… 4時間
第4工程　台本をつくる…………………………………… 4時間
第5工程　動画を撮影する……………………………… 3時間
第6工程　動画を編集する……………………………… 6時間

新商品のプロモーション動画　制作工程表　Iさん作成

第1工程　全体のスケジュールをカレンダーに落とし込む
※いつまでに何をするかを定める
第2工程　新商品の特徴をブレストする……○月△日まで
第3工程　パワーポイントで資料を作成する
……………………………………………○月×日まで
※既存の資料を流用する
第4工程　台本&撮影割を一緒につくる……○月□日まで
※撮影のムダをなくし、編集作業を減らす
第5工程　動画を撮影・編集する……………○月◇日まで

他のメンバーで動画編集をしたことのある者がおらず、コスト的に外注もできないので、結局、リリースの予定が延びてしまいました。

もう1人のリーダーIさんは、期日までに完成させるにはどうすべきか、「逆算思考」で考えました。

逆算思考とは、完成の状態→第5工程→第4工程→第3工程→第2工程→第1工程と逆算していく考え方です。

この逆算思考をとることで、「いつまでに何をしたらいいか」を定められます。

プロジェクトの担当になった際は、そのうえでさらに次のことを考えました。

「簡素化できる工程はないか」「やめられる作業はないか」「並行して進められる作業はないか」——。

具体的には、パワーポイントの資料は既存の資料を用いることでゼロベースから考えずに済むようにして作業時間を短縮し、台本をつくる際に撮影計画も一緒に考えるといったことをしたのです。

思っている以上に余分な工程があることに気づき、それだけでかなりの作業時間を減らすことができました。

アメリカの自動車会社フォード・モーターの創設者、ヘンリー・フォードは、労働時間が短いほど従業員が良い仕事をすることに気づき、時間制限があるほうがイノベーションも効率的な方法も生まれやすいと考え、仕事のムダを省き、生産性を上げる大量生産方式（ライン式）を取り入れて会社を大きくしました。

ゴールから考えることで、時間を増やせるようになるのです。

POINT 7

逆算することで、できないことを受け入れ省く

第2章

自分の心を整えることで時間を有効活用する

1 仕事に追われるリーダーは「24時間リーダー」であろうとし、仕事が速いリーダーは「適当にリーダー」でOKとする

時折、リーダーになって間もない方に向けての研修をすることがあります。

その際、「どうしたらリーダーであり続けることができるのか」という質問をよくいただきます。

真面目な性格の人ほど、「(リーダーになったからには) できるリーダーであらねばならない」と、「24時間リーダー」でいようとします。

ですが、リーダーであることを意識しすぎるあまり、かえってどうあればいいかわからなくなり、不安になってしまう人は少なくありません。私に質問してくる方たちも、この状態に陥っていることがほとんどです。

私も初めてリーダーになったときは、「正しいリーダーとしてどうすればいいのか」を

考えすぎてしまい、混乱してしまったのでよくわかります。

「(リーダーになったからには)できるリーダーであらねばならない」のは、確かにそうなのですが、だからといって「24時間リーダー」であることは非常に危険です。

人間には、自分の意思ではコントロールできない、血液や臓器の働きを司る神経、自律神経があり、交感神経と副交感神経の２種類で成り立っています。

緊張・興奮すると交感神経が、リラックスすると副交感神経が優位になり、この２つのバランスが取れていると、人はパフォーマンスが上がります。

仕事中はアドレナリンが出ているので交感神経が優位に働いています。つまり、「24時間リーダー」であり続けると、交感神経がずっと高まっている状態になるということです。これでは、冷静でいることが難しく、正しい判断ができにくくなるうえに、副交感神経が弱り、不眠など、健康面でも不調が生じてしまいます。

さらに、リーダーが「24時間リーダー」でいようとすると、部下にも悪影響を与えかねません。

リーダーが正しいリーダーであろうとすればするほど、無意識のうちに、自分が正しいリーダー像であるために部下にも正しい部下像を押しつけてしまいがちです。

「リーダーは意識が高いから、体調が悪いなんて言ったら怒られるのではないか」「リーダーの期待に応えていかなければならないのがつらい」など、部下がリーダーの存在を重たく感じ、リーダーの存在を意識するだけで疲れてしまうようになります。

正しいリーダーであろうとした結果、部下の心理的安全性を壊してしまうのです。

また、「24時間リーダー」であることで、部下は「リーダーはずっと仕事をするのが当たり前」と考えるようになり、終業後であっても、また休日であっても、平気で仕事を頼んできたり、連絡してきたりします。

そうすると、リーダーであるあなたの仕事量が大幅に増えることになり、あなた自身が心も体も疲弊してしまいます。

正しいリーダーであろうとした結果、あなた自身の心理的安全性を壊してしまうことにもなりかねないのです。

「24時間リーダー」であるのはやめましょう。

一定の時間が来たらリーダーも業務終了としましょう。

部下とのやりとりのメールには決裁などを伴うものも多く、時間外だからといって対応しないと、「部下の仕事を止めることになってしまうのではないか」と感じるかもしれません。確かに緊急なものもあるでしょうが、「部下の先にあるお客様が稼働していない時間ならば、明日の朝でいいだろう」という考え方にシフトしていきましょう。

仕事が速いと評判のリーダーKさんは、よく「テキトー」という言葉を使っていました。これは「いい加減でいい」という意味ではなく、「状況にあった適切な対応をする」という意味です。具体的には、相手のニーズに対する最低限の基準を満たしていればいい、つまり、無理をしない、ということです。

24時間ずっと全力でリーダーでいようとすると疲弊してきますし、無理が生じます。**すべて100点にする必要はありません。**力の抜きどころを把握し、基準点を突破すればいいだろうという考え方にシフトしましょう。

POINT 1

リーダーは年中無休ではない

2 仕事に追われるリーダーは負けず嫌い、仕事が速いリーダーはわざと負ける

負けず嫌いのリーダーLさんは、同僚のリーダーや他のチームに勝っていないといけないと、常に成績を意識している人でした。

負けないために、自己研鑽にも励み、自分の仕事以外の知識も貪欲に習得しようと心がけていたのですが、いつからか、その負けず嫌いが部下に対しても働くようになってしまいました。

「部下に負けられない」「部下にバカにされたくない」といった思いにとらわれ、「負けないため」「バカにされないため」に部下やメンバーを頼ったり、仕事を任せたりすることができなくなり、どんどん仕事に追われるようになってしまいました。

一方、仕事が速いリーダーMさんは、部下やメンバー、他チームの同僚の力を借りて仕事を回していました。Mさんができることであっても、部下に力を借りることもありました。

Mさんのチームには、「人に負けるのが大嫌い！」という部下がいました。その部下は、後輩に負けるのはもちろんのこと、同僚であっても上司であっても対抗意識を燃やし、同じチームなのにメンバー全員を「敵」と捉えて、攻撃をしてくる状況です。

Mさんにも、毎日のように「そんなこともできないのですか」などと強い言葉をぶつけ、攻撃してきていたのですが、Mさんは勝負の土俵に上がることはしませんでした。「勝手に言わせておけばいい」と、あえて「鈍感」でいようとしたのです。

どのように「鈍感」を貫いたのか、見ていきましょう。

1 勝負せずに相手をリスペクトする

相手が理論武装して「そんなことも知らないんですか」「私は対策をしっかり進めているのに、他の人ができていないのはリーダーがまずいのではないですか」などとマウンティングしてきた場合は、「そうなんですね。情報を教えてくれてありがとうございます」「勉強になりました。助かりました」などと、まずは相手に感謝の気持ちを示しましょう。

相手は「自分は必要とされているんだな」と承認欲求が満たされます。そうすることで、どんどん意見を出してくれるようになります。

2　勝負に負けることのデメリットを探す

自分以外のチームメンバーに悪影響が出る可能性がないのなら、スルーします。

例えば、部下がプレイングマネジャーのあなたの営業成績を超える大口顧客を獲得して売り上げを上げたとします。リーダーはどんな部下にも営業成績で勝っていなければならないと考えていたあなたはショックを受けるかもしれません。ですが、この場合、部下に負けることのデメリットを考えてみると、実はありません。

チームとしての業績は上がりますし、リーダーの評価はチームの業績です。部下が大口顧客を獲得したノウハウを共有すればチームの財産になります。

部下があなたよりパワーポイントをうまく使いこなすなら、部下にパワーポイントのスキルで負けていることのデメリットを考えてみてください。おそらくほとんどないでしょう。

デメリットを探すことで、「負けていいんだ。かえって部下が情報を教えてくれる」「成功事例を教えてくれることで再現性が高まる」と思えてきます。部下とプレイヤーとして張り合うことはナンセンスだと気づくでしょう。

1と2をすることで、部下が「自分はチームに必要とされているんだな」と解釈し、主体的に取り組むようになってきます。

部下や同僚など、自分以外の存在に必要以上に意識が向いてしまうと、その対策を練るために手間も時間もとられ、ストレスも必要以上に溜まり、疲弊してしまいます。

リーダーは、特にプレイングマネジャーであることを求められている場合は、リーダー自身の成績も求められますが、それ以上にチームとしての成長、組織にとっての良い結果を導くことが求められます。

部下や同僚に自分が負けないために対策を練る必要はないのです。

部下と勝負することでライバル心を植えつけるのではなく、自分が役に立っているという自己効力感を持たせるようにしましょう。**リーダーは変に勝負して対立を生むのではなく、わざと負けることで、部下に主体性を持って動いてもらうようにしていきましょう。**

POINT 2

その仕事にとってより良い力を使えばよい

3 仕事に追われるリーダーは「情報通」を心がけ、仕事が速いリーダーは情報をシャットアウトする

ビジネスにおいて「情報」を持っている人は強いと言われてきました。

リーダーNさんは、チームのためにも情報が役に立つと考え、社内外を問わず、いろいろな人と交流して「情報通」であることを心がけていました。しかし、情報を多く集めようとすることで、不要な交流や面談、目を通す資料やニュースが増えて時間がとられるうえに、情報過多に陥り、知り得た情報をうまく活用することができないばかりか、仕事がどんどん増えてしまい、気づいたときには「仕事に追われるリーダー」の典型になっていました。

以前、そんなNさんから相談を受けました。

Nさんが陥っている状況について話を聞いた瞬間、「それでは時間がなくなるはずだ」

と思った私は、次のようなアドバイスをしました。

1 誰もが平等に情報を得られるようになった

「情報」は、ある程度インターネット（以下ネット）で抽出できるようになりました。必要なときに必要な情報を得るスキルさえあれば、ある程度は対応できる時代になったと言ってもいいでしょう。

機密情報などさすがにネットには載っていない情報もあるかもしれませんが、そうした情報が必要になるシーンはかなり限られています。その限られた場面のために、「情報通」である必要はないのです。

2 価値のない情報はいらないもの

社内のメンバーでのランチや他部署との飲み会などで得た「情報」は、社内のメンバーに関することが少なくありません。

「誰と誰が付き合っている」「常務は誰が好きか」「最近Cさんは大きなミスをして人事の評価が下がっている」といった足の引っ張り合いにしか見えない情報は、はたして必要でしょうか。コミュニケーションは大事ですが、不要な情報を得る時間も、その情報をストックしておくために脳を使うのも、もったいないでしょう。

そもそもリーダーは部下より多くの情報を集める必要はありません。

もちろん、必要な情報は収集しなくてはなりませんが、「リーダーが情報を教えなくてはならない」と考えるのではなく、「あえてリーダーは情報を持たなくていい」と考えましょう。そうすることで、部下の意見を邪魔したり、不必要に教えてしまうといった部下の成長やモチベーションを阻害する行動を防ぐことができます。

プレイヤー目線になって部下と変に勝負したりすることも防止できます。

情報を集めるのは部下の役目ですし、判断するのも通常は部下の役目です。部下が困っているときや相談を受けたときに情報を共有してもらったうえでアドバイスをするのがリーダーの役目と考えましょう。

プレイヤーの仕事に関する情報は必要なときに得ればいいだけで、普段から意識して集める必要はありません。リーダーの仕事が疎かになってしまいかねません。

また、情報が時に「思い込み」や「偏見」に変わることもあります。これらは部下とのコミュニケーションの阻害にもつながりますが、状況にもよりますが、基本的には部下に関する情報は本人から聞いたものだけを信じるようにしましょう。周囲から「Aさんはこういう人だ」と聞いていたとしても、その情報が正しいとは限りません。情報元になった人との人間関係の影響もあるでしょう。

しかも、その情報がポジティブなものならまだしも、ネガティブな場合だと、そこばかりが目についてしまうため、本来は良い部分があるのに、そこが見えなくなってしまうという危険性もあります。

リーダーは、フラットな視点を持ち、かつ、できるだけメンバーの良い部分を見るように意識したいものです。

POINT 3

情報は量より価値が重要

4 仕事に追われるリーダーは「常識」を口癖にし、仕事が速いリーダーは「多様性」を受け入れる

Oさんは月曜日、部下に「今週中にレポートをまとめてくれ」と指示を出しました。

ところが、金曜日の夕方になってもレポートは上がってきません。

部下を呼び出し、「ずっと待っているんだけど」と伝えると、「今週中ですよね。今日の夜にはお送りします」とのこと。

びっくりしたOさんは、『今週中』と言ったら、私が金曜日の就業時間中に確認できるように、遅くても木曜日の夜か金曜日の午前中に送るのが常識だろう」と思い切り部下を怒ってしまいました。

結局、レポートは金曜日の夕方に提出されたのですが、Oさんのイライラは止まりません。その部下を見るたびに、イライラが増すとのことでした。

このような「怒り」の感情は頭の中に残るため、脳がマルチタスク状態になり、必然的に仕事のスピードが落ちますし、怒った相手との人間関係を悪化させます。それどころか、怒った相手（当事者）以外からも「あのリーダーはあんなに短気なんだ」と嫌悪感を持たれることもあります。

実際、私がかつてダメリーダーだった頃、仕事に対し不真面目な部下に対して厳しく接し、時には怒鳴っていました。すると、一度も怒ったことのない他のメンバーからも反感を持たれてしまい、チームとしてうまくいかなくなり、降格人事の遠因になりました。

リーダーである以上、部下やメンバーを叱咤しなくてはならないシーンもあるでしょう。イライラしてしまうこともあるかもしれません。

「怒り」の感情は、もともと古代から人類が生存していくうえで持っていたものであり、誰もが持っているものです。どんなに温厚だと言われている人にも怒りの感情はあります。

実際、私が講演で感情コントロール術についてお話しする際、「怒ったことのない人は手を挙げてください」と尋ねるのですが、未だかつて1人も手を挙げたことがありません。

怒るということは、「よし頑張るぞ」と自分を奮い立たせ、業務に邁進させるという効果もあり、悪いものではありません。「あの人にあんなことを言われた。次は言わせないぞ。びっくりさせてやる」という思いが、行動に結びつくこともあります。

自分のことを怒りっぽいと思っている人は、「怒らない」ことを目指すのではなく、「怒りの感情があるのは仕方がない。ならば人前で感情を見せないようにしよう」と考えればいいのです。

怒りの感情が見えない人は次のどちらかでしょう。

1　怒りの感情が生まれたとき、見えないところで心を落ち着かせる儀式をしている
2　許容範囲が広く、怒りの感情が生まれにくい

リーダーが怒りを抱く原因はさまざまですが、よくあるのが、部下やメンバーとの「常識（べき）の違い」です。

例えば、外で部下と待ち合わせをしていたとします。15分前に着いた部下に対して、自分がそれよりも前に着いていたらイライラするという人もいれば、部下が5分前にやって来たとしても怒らない人もいます。

前者は「部下は上司より先に到着すべきだろう」という考えで、後者は「集合時間に間に合えばいいだろう」という考えです。

前者にあてはまる人は、後者の考え方まではいかなくても、多少は歩み寄るのがいいでしょう。

「15分前に着く」から「10分前までに着く」に許容範囲を広げるのもいいでしょう。

今は「多様性」の時代です。

「多様性」は大きな話ばかりではなく、日々の行動の些末な「違い」も含まれます。

また、外国人留学生など、異文化の人たちと一緒に働くケースがこれから増えてくる中で、想像もつかない感覚と接することもあるでしょう。

「こんなのあり得ない」と怒るのではなく、「この人はこういう考えなんだ」と多様性を尊重しながら、仕事をスムーズに進めるためにどうするか、共通のルールを構築し、共有していけばよいのです。

自分の感情を安定させるためにも「多様性」を尊重していきましょう。

POINT 4

感情コントロールで「多様性」を尊重する

5 仕事に追われるリーダーはすべての仕事に励み、仕事が速いリーダーは仕事を選ぶ

仕事に追われるリーダーPさんは「リーダーたる者は模範的でなければならない」というのが口癖で、常に精力的に振る舞っていました。

特に、メンバーに対して知識も実績も負けてはならないとの思いが強く、プレイヤーとしての業績もしっかり挙げていました。当然、昼間は仕事が多いので、部下への対応・知識のスキルアップは夜に行っていました。そのうち、Pさんは過労で体調を崩してしまいました。

こんなに頑張っていたPさんですが、部下からの信頼はあまりなく、チームとしての成績も芳しいものではありませんでした。

Pさんの同僚にQさんというリーダーがいました。

彼はPさんとは対照的で、「何もやっていない」ように見えました。

プレイヤーとしての業績をあまり挙げていないうえに、チームの仕事はほとんど部下に任せている状態。

なのに、Qさんのチームの雰囲気は良く、目標も達成しています。

PさんとQさんの違いはいったい何だったのでしょう。


実存主義の創始者と呼ばれる哲学者キルケゴールは、「何もしないことは諸悪の根源ではない」「逆に、動きすぎることは諸悪の根源だ」と言っています。

この言葉からもわかるように、Pさんは動きすぎで、一方のQさんは、プレイヤーとしての仕事を何もしなかった、つまり、リーダーの仕事に終始していただけでした。

Pさんも部下のフォローはしていましたが、Qさんは部下のどんな相談にもしっかり応じていました。プレイヤーとしての仕事をしていなくても、Qさんが部下やメンバーに信頼されていたのは、部下の非常事態にしっかり対応していたからです。


リーダーになったら「しない勇気」を持つようにしましょう。

プレイヤーの仕事をやりたくなってしまうのも無理はありません。しかし、そこをぐっと抑え、「リーダーという違う担当に異動になった」と思うようにするといいでしょう。

私は、リーダーの方に向けて研修や講演をする際、リーダーは平常時にはさほど必要な存在ではなく、非常事態に必要な存在だ、とお伝えしています。

普段は何もしておらず、和気あいあいと部下やメンバーとバカ話をしているだけだったとしても、部下やメンバーにとっての非常時（悩みごとが出てきたときなど）にしっかりと行動できていれば信頼されます。

非常時対応で信頼されるリーダーに必要なのは、「決断力」と「平常心」です。

「決断力」とは、困った出来事が起きたときに一歩踏み出せることです。リーダーのあなたでは決裁できないものなら、上長に伺いを出します。もし上長の許可が出なかったら、あなた自身の言葉で「代替の案と方法を採用しない理由」を伝えればいいのです。

もし急ぎなら、自分の裁量で動いてしまうこともありでしょう。事後報告になりますが、普段から信頼関係を構築しておけば問題ないでしょう。時にはリーダー自身のところで「何もしない」という選択をするのもありです。そのときは、リーダーの言葉で「やらない理由」を明示する必要があります。

そして**「平常心」とは、精神を安定させられていて物事に不用意に動じず、冷静な判断を下せる状態のことを言います。**

非常事態に陥ったときは、次のように対応しましょう。

1 「怒っても何かが良くなるわけではない」と心の中で唱える
2 自分自身にも部下にも「落ち着こう。二次被害を出さないためにも」と唱える
3 「損害を最大に見積もったらどのくらいの大きさか」を測定する

リーダーの真価は非常事態に問われます。ですから「決断力」と「平常心」の2点を意識しておきましょう。ここを意識するだけで、メンバーからの信頼度は大きく変わります。

POINT 5

リーダーという仕事に異動になったと考える

6
仕事に追われるリーダーは週末や長期休みでストレスを解消しようとし、仕事が速いリーダーはその日のうちにストレスを解消しようとする

リーダーは、会社の代表として仕事をしたり、部下やメンバーの責任者として決断を下す仕事をしたりすることも多いため、ストレスを感じる機会も多いことでしょう。

ストレスというと、ついネガティブに捉えがちですが、必ずしもネガティブなものではなく、最善を尽くせるよう体を押してくれるものでもあり、「善玉ストレス」とも言われています。

しかし、それが恒常的に続くと「悪玉ストレス」になり、メンタルダウンになったり、体調不良などに発展したりして、パフォーマンスの低下にもつながります。

リーダーは冷静に判断をすることが求められる機会が多々あります。ストレスを上手に

マネジメントして「悪玉ストレス」にしないことが大切です。

「ストレスマネジメントをどのようにしていますか？」と、講演などでリーダーの方々に質問すると、週末に温泉に行ったり、長期休みをとって海外旅行に行ったりしてストレスを解消しているという回答が多くありました。このようなストレス解消法は、かなり大きな効果があります。

日々忙しいリーダーだからこそ、長期休みや週末を活用するほかないという状況は理解できます。

ですが、これには問題点があります。それは、解消する時間がとれるまでにストレスが溜まりすぎてしまう可能性があることです。

私が会社勤めをしていたときの同僚は、長期休みにストレス解消をしていました。夏休みが明けると「年末休みまで頑張らないと」が口癖でしたが、ある年の秋に自律神経失調症で休養を余儀なくされました。ストレスが蓄積し、飽和して、症状が出てしまったのです。

上手にストレスを解消する条件は、次の３つです。

1　その日のストレス、その日のうちに

2　その場でできるもの
3　1人でできるもの

なぜ、この3つの条件を満たす必要があるのかというと、確実にストレス解消をすることが大事だからです。

例えば、ストレスが溜まったので、誰かと飲みに行こうと考え、誘ったところ、全員、用事があり、行けなかったとします。

これではストレスが解消できないどころか、さらにストレスが溜まってしまうでしょう。

また、お酒やギャンブル、ゲーム、買い物などは、ほどよい加減でならいいのですが、ハマって中毒症になっては元も子もありません。借金を抱え、よりストレスが増したなんてことを耳にするケースも少なくありません。

ですから、ストレス解消は1人でできるもの、物理的に実行可能なものにしましょう。

・フットサルをする　→　壁に向かってサッカーボールを蹴る
・テニスをする　→　1人で壁打ちをする

・カラオケに行く　→　１人でカラオケに行く
・温泉に行く　→　マッサージに行く

以前、仕事が終わってからストレスを解消しようと、夜中に車で静岡県の修善寺温泉に向かい、温泉に浸かってその日のうちに戻ったことがあります。次の日は金曜日だったので、その日だけを乗り切ればよかったものの、睡眠不足でかえって疲れが溜まってしまい、結局その日は仕事になりませんでした。

仮に、きちんと睡眠時間を確保できるよう、早朝に新幹線で戻る旅程を立てていたとしても、交通機関が乱れないかな、といった別のストレスが生まれていた可能性もあります。日々のストレス解消法としては、他に「アクション映画を観る」「音楽を聞く」「ぼーっと東京タワーのライトアップを見る」「好きなカフェラテを飲みに行く」などもいいでしょう。

大切なのは、「その日のうちに」「その場で（遠くまで行かなくてもいい）」「１人で」できる解消方法を見つけることです。飽きがこないように複数の案を持っておくといいでしょう。

POINT 6

リーダーは日々ストレスが溜まるもの。溜めすぎないことが何より大事

7

仕事に追われるリーダーは「落ち込んではいけない」と考え、仕事が速いリーダーは「回復に時間がかからなければいい」と考える

Rさんは、リーダーになったら落ち込んではいけないと思っていました。

しかし、人の心は難しく、「落ち込んではいけない」と考えても、そのことが気になり始めると脳はマルチタスク状態になってしまいます。

また、「落ち込むなんて自分はダメだ」と変に自分を責めてしまうことで仕事に集中できず、パフォーマンスは落ちるばかり。さらには、そのことに落ち込んでしまい、迷いが生じて前に進めなくなり、気づけば、仕事に追われる状態になっていました。

一方、仕事が速いリーダーSさんは、落ち込むのは仕方がないと考えていました。落ち

込みから回復する儀式があればいいという考えです。

具体的には、次の3つの方法をとっていました。

1 達成感を得られる簡単な仕事をしてみる

落ち込んだあとは、自信を取り戻せる仕事をするといいでしょう。

「この仕事をやると、大きな達成感を得られる」あるいは「自分自身の承認欲求を満たせる」ような仕事です。

企画書作成が得意なら次回のプレゼンの資料をグラフ付きで作成するとか、あるいは関係の良いお客様に連絡を取るといったことでもいいでしょう。簡単な仕事を少しの時間やってみることで、他で挽回できるぞという気持ちになってきます。

2 自分褒めをしてみる

リーダーになると褒められることが減り、叱責されることが増えます。部下の行動に対しても自分が叱られることもあるでしょう。

「褒められてモチベーションを維持してきた」「ポジティブなフィードバックで自分の承

認欲求を満たしてきた」という人にはつらいものがあります。

そこで、定期的に自分を褒めるのです。

オススメは自分が「これはできたな」と思うことや結果が伴っていなくても行動に評価すべき点があったら、ノートに書き留めておき、落ち込んだときに読み返す方法です。

なお、自分褒めは、良い部分を探そうと意識しないとできないので、自分褒めを習慣化すれば、部下の褒めポイントも見つけやすくなり、一石二鳥です。

3「後悔」を「検証」し、「対策」へと変えていく

落ち込んだ出来事を「後悔」したままにするのではなく、原因を検証し、次回の対策へとつなげていくことです。

「落ち込んだ出来事」は扱い方次第では「成功への薬」になります。そのままにしておくのはもったいないことです。

なお、次回への対策を練って行動につなげたら、落ち込んだ出来事、失敗したことは忘れてしまいましょう。

落ち込むのは人間だから仕方ないものです。

ただ落ち込んでばかりいると、前に進めません。

落ち込む期間をいかに短くするかがポイントです。

落ち込む気持ちをリセットし、自分を信じ、再度行動するための儀式を準備しておきましょう。

POINT 7

他人から褒められるのを期待するのではなく、自分で褒めていく

第3章

集中力を高めるタイムコーディネート術

1 仕事に追われるリーダーは集中力が続く限り仕事を続け、仕事が速いリーダーは90分続けたら強制的に休憩を入れる

Tさんは、休憩をとる基準を「1つの仕事が終わったとき」としていました。複数の部署のリーダーを務めていることもあり、手がける仕事の内容が多様で1つ1つの仕事の関連性が薄いことから、仕事を終えるたびに気持ちも脳もリセットできると考えたからです。

書類の確認など、さほど時間がかからない仕事であっても、終わるたびに小休止を挟み、反対に、企画書の作成などの時間がかかる仕事は、(気分が乗っている限り)ぶっ続けで作業をしてから休憩をとっていました。

中には2、3時間かかる仕事もあり、こうした手のかかる仕事を終えたあとの休憩は、「やり遂げた」という充実感とともに過ごせるため、Tさんはこの休憩方法をとても気に入っ

ていました。ただ、「仕事を中断するのは切りのいいところまでやってから」と自分に課してしまうため、仕事が思うように進まないと、だらだらと作業を進めることになってしまいます。実際、Tさんは「気づいたら就業時間を超えていた」「気づいたら終電だった」ということがよくあるそうです。

私自身、原稿を執筆したり研修のレジュメを作成したりするときは、集中して3時間ぶっ続けで仕事をすることがあります。

しかし、切りのいいところまで仕事を終わらせてから休憩すると、「今日は頑張った」と満足してしまい、次の仕事に取りかかろうという欲求がなくなって、再開するのが難しくなってしまうことがあります。あるいは、再開できてもペースダウンになることもあります。いわゆる燃え尽き症候群状態になるのです。

また、「切りがいい」というのは、自分で決めることになるので、「もっと良いものができるのではないか」という考えにとらわれ、「高すぎるもの（完璧）を追求」し続けて終えられなくなったりすることもあります。私も会社勤めをしていた頃は、この状態に陥って、よく業務時間外労働になっていました。

一方、仕事が速いリーダーUさんは、どんなに集中していても90分経ったら強制的に休憩をとるようにしています。

仕事がどんな状態であっても、90分経ったら手を止めるのです。

これは、集中力が持つのが15分の繰り返しであることに起因しています。

仕事によって集中力の違いは出てきます。反復作業を繰り返すような仕事は短時間集中して休むというやり方がいいのですが、クリエイティブな要素が必要な仕事をする人の中には、せっかく乗ってきたと思ったら休憩というのはかえって効率が悪いと考える人もいます。

しかし、先ほどもお話ししましたが、休憩せずにぶっ続けで仕事をしていると、気づかぬうちに疲弊してきてしまいます。

そこで、どんなに集中していても強制的に90分で休憩を入れるようにします。大学の授業が90分制なのも、そこからきているという説があります。

「作業の途中で手を休めるなんて、落ち着かないのでは？　しっかり休めない気が……」と思うかもしれませんが、大事なのは、手を休めることではなく、脳を休めること。脳のスイッチのオンオフをしっかり切り替えることが大事です。

また、**時間で管理することによって「締め切り効果」が発生し、この時間までに仕事を終わらせようという気持ちになります。**そして、何より仕事の能率をキープできます。

むしろ**「仕事を完全に終わらすのではなく、中途半端な状態で休憩に入る」ことで再開がしやすくなる**といえるでしょう。

心理学者のブリューマ・ゼイガルニクは、のちに「ツァイガルニク効果」として有名な事象を実験により発見しました。被験者に20の異なるタスクを与え、そのうち半数には中断させ、残りの半数には最後までやってもらったところ、**完了したタスクより未完成のタスクのほうが記憶に残りやすい**ことが証明されたのです。

タスクが中断されると、完成したいという欲求が満たされず、ある種の緊張状態が生まれ、それが執着になり、やる気につながります。うまく休憩を活用しましょう。

POINT 1

定期的に手を止め、脳を休めることを最優先とする

2 仕事に追われるリーダーは1分でも早く始めようとし、仕事が速いリーダーは開始前に儀式を行う

以前、リーダーばかりが集まった場で、「いわゆる〝自分の仕事〟に、定時までの勤務時間で、どれだけ携わることができていますか？」と聞いたことがあります。

「半分くらいですかね……。5割強でしょうか」

と、1人のリーダーが答えてくれました。

すると、そこにいた10人弱くらいのリーダー職の方々が、

「え？　すごいですね」

と反応しました。そして驚いたことに、こう続けたのです。

「それは、うらやましい……」

詳しく聞いてみると、他のリーダーの方は1日の勤務時間のうち自分が担当している仕事ができるのは、よくて2割ほど、1割にも満たない日もあるというのです。中には、就業時間後、他の社員たちが帰ってからようやく自分の担当仕事に手を付けることができるという「ゼロ割」のリーダーまでいました。

リーダーになると、部下や後輩の管理やサポート、さらには、所属組織にとって必要なことなど、「自分以外の存在のための仕事」も担当します。

それも相当な量を担当します。

以前、「リーダーになったとたん、仕事が10倍になった。給料が上がって喜んでいたけれど、割に合わないです……」と言っている方のお話を伺ったことがあるのですが、リーダーになって最初の1カ月は、自分のデスクに座って仕事ができたのは朝出勤した直後のみ。あとは、会議や部下の取引先も含めての挨拶回りなどで、ほぼ座ることができなかったそうです。

皆さんも、似たような状況ではないでしょうか。

リーダー自身で調整を図れないことも当然にあり、結果として「自分の仕事」が後回しになります（リーダーとして、部下や後輩、会社のことをするのも、もちろん自分の仕事ではあるのですが、本書では、リーダー個人が担当することになっている仕事のことを指すこととします）。

先ほどの「ゼロ割」のリーダーは、まさにその究極の状態に陥っていたというわけです。部下や後輩、会社に関することは、いつ、どんなふうにあなたの時間を奪いに来るか、わかりません。リーダーは、そのいつ来るかもわからない「自分以外の存在のための仕事」に対応しなくてはなりません。

言い換えると、リーダーとして頑張れば頑張るほど、自分の仕事ができなくなり、それを取り戻すのに、より多くの時間、仕事をするようになって……と、仕事に追われるようになってしまいます。

「ゼロ割」のリーダーの1人であるVさんは、1分1秒が惜しいため、出社するとすぐに目の前の仕事に取りかかります。

朝イチであれば、部下やメンバーから新規で仕事が来る可能性が低いため、自分のリズムで仕事に取り組めるからです。

ところが、脇目もふらず作業に没頭しているのに、思った以上に時間がかかったり、割り込み仕事がどんどん入ってきて、考えていた仕事の対応ができなくなったりするなど、予定通りに進まない日がほとんど。常に時間に追われ、仕事に追われている状態です。

あとになって、そんなに重要性の高くないタスクをやっていたり、緊急度の高いタスクが後回しになっていたり、仕事の進行がもっと短い工程で済んだのにと後悔したりすることも少なくありませんでした。

「5割強」とまではいかないまでも、自身の仕事がある程度できているリーダーWさんは、毎朝、出社すると仕事を始める前にまず、その日1日の全体の流れとその週の予定を確認しています。

今日は午後1時から3時は「予備時間」にしているから、割り込み仕事が入ったとしてもその時間で対応できる。割り込みが何もなければ、最近、調子の悪い部下○○さんの相談を受けられるな、○○さんの都合が合わなければF社の企画案に取りかかれる、などと考えます。

火曜日と木曜日は終日ほとんど時間が取れないから、この日はデスク仕事ができないものとして考えておかないといけない、金曜日の会議の準備は水曜日に終わらせよう、などと確認していきます。

大枠の流れ、過ごし方がつかめたら、それぞれのタスクの全体像を見ていきます。

いわゆる「鳥の目」のように俯瞰的な視点から全体像を把握し、仕事を進めるのに適正な順序（まとめてやったほうがよいもの）や追加対応が必要と想定されるタスク、進めていくうえで出てくる可能性のある事象を挙げていきます。

そして、**自分ですべきこと、他の人にまわせることを整理して振り分けます。**

リーダーの仕事は、常に量も状況も優先順位も変わります。「自分以外の存在のための仕事」など、自分だけで決められないこともあります。

こうした数々の仕事を最短ルートで終わらせるためにも、本当に幹となる重要なタスクはどれで、枝葉となるタスクはこれで、と全体の工程を見える化して確認する「儀式」をコーヒーを飲みながら行うのです。

この儀式によって、重要度の低い枝葉のタスクに必要以上に時間をかけるのを防止できたり、実は必要のないタスクに気づけたりすることもあります。

また、やり直しなどの追加の作業も必要なくなるので、所要時間も短縮できますし、「あとどれくらい時間がかかるのだろう」といった、脳をマルチタスク状態にしかねない不安も軽減できます。

POINT 2

「儀式」で流れと場を整えることで集中できる

3 仕事に追われるリーダーはモチベーションに頼り、仕事が速いリーダーは興奮させる仕組みをつくる

「今日は雨だから訪問はしたくない」

「初めて担当する重要な案件に取り組む余裕はない」

「今日は疲れていてクリエイティブな仕事をする気が起きない」

仕事をつい先延ばしにしてしまう人の多くは、モチベーションに大きく影響されています。

かつての私もそのタイプで、恥ずかしながらモチベーションで「先延ばし」にしていたことがよくありました。

当時、同僚にXさんがいました。彼は営業成績が常にトップで、彼がリーダーを務めるチームもまたコンスタントに業績を上げていました。

「どうすればXさんのチームメンバーのように私のチームメンバーも動いてくれますか

ね。Xさんはどうやって、彼らのモチベーションを高めているのですか?」

と質問したところ、びっくりするような回答が返ってきました。

「モチベーションなんて何も気を遣っていないよ。最初の行動を決めて、あとはその通りに動いているだけだよ」

私はモチベーションは高いほうがよいと信じ込んでいたために、Xさんの答えにうまく言葉を返せなかったことを覚えています。


人間は感情の生き物と言われるように、モチベーションをないがしろにして行動することは難しいと思うかもしれません。

リーダーとして、メンバーのモチベーションを高く保つために、心を砕いている人もいるでしょう。私もXさんの答えを聞くまではそう思っていました。

でも、モチベーションは外部環境にも大きく左右されます。

通勤中の電車で靴を踏まれた、せっかくの新しい洋服に濡れた傘を当てられた、電車が遅れて超満員の車両で長時間過ごす羽目になったなど、仕事とは関係ない出来事により、仕事に対するモチベーションが下がることもあります。

モチベーションを活用して何かを成し遂げようとしても、計画通りにはいかないのです。むしろ、**モチベーションに関係なく仕事を進められるような仕組みをつくることが、リーダーの役割と言える**でしょう。

では、リーダーとして何をするといいのでしょうか。

それは、「作業興奮」を活用することです。

「やってみたら勢いがついてできてしまった」という経験はないでしょうか？

例えば、20ページもの会議資料を作るように言われて「そんなの無理だ」と思ったとしても、とりあえず1ページ、いや、最初の1行だけやってみようとしたところ、1行書けたら2行目もなんだか書けてしまい、思いのほか進めることができた、など。

私も以前、テレアポの営業をすることになった際、不安でなかなか電話をかけることができませんでした。ですが、いつまでもそんなわけにはいきません。

ドキドキしながら、まず1件かけてみたところ、相手の方がとても良い方だったことから、「なんだ、全然怖くないじゃないか。なんでこんなに悩んでいたんだ」と思い、2件目に。気づけば20件くらいぶっ続けで電話していました。

こういった事象を、精神医学者のエミール・クレペリンは「作業興奮」と呼んでいます。
いったん始めてしまえば、それがきっかけになって動き始めるものです。

最初の1歩を仕組み化し、それだけでいいからやってみる。メンバーには、まずやらせる。

これがリーダーの仕事です。

なお、**リーダーは「メンバーのモチベーション」を上げなくてもいいですが、下げないようにだけ気を遣いましょう。**上げることはリーダーだけの力では無理ですが、リーダーが要因で下がることは防止できるからです。

そのためにも、仕事の頼み方や声かけの方法に気を遣ったり、あるいはメンバーのモチベーションが下がっている時間はいつか、下がりやすい仕事にはどんなものがあるかなど、特徴を把握したりするようにしておきましょう。

POINT 3

まずはやってみる。
あとは意外とうまくいくもの

4 仕事に追われるリーダーはマラソン式仕事術で同じことをやり続け、仕事が速いリーダーはヒルティ式時間術でやることをどんどん変える

19世紀に哲学者・法学者として活躍したカール・ヒルティは、自著『幸福論』（岩波文庫）の中で次のように述べています。

時間節約のおもな方法の1つは、仕事の対象を変えることである。仕事の変化はほとんど完全な休息と同様の効果がある。この方法にある程度まで熟達するときは、それは熟慮よりも練習によって得られるものだが、われわれはほとんど一日じゅう働き続けることができる。

常にまず1つの仕事を仕上げてから、次ぎの仕事にかかろうとすることもまた、少なくともわたしの経験では、間違っている。これとは反対に、芸術家がしばしば、ひじょうにたくさんの計画や、手を着けた仕事を身のまわりに置いて、その時どきの抑えがたい気分のままに、あるいはこれに、あるいはあれに、向っていくのは正しい仕方である。

1つの仕事をやり続けるより、1時間かけて企画書を作成したら、次の1時間は新商品のマーケティング調査をするなど、仕事の対象を変えることを彼は推奨しているわけです。**違う仕事に取り組むことは、休息に等しい**と言っているのです。

そうは言っても、1つの仕事に取り組んだら、終わるまでその仕事に集中したほうがいい、そう考えている人は多いでしょう。

こういう仕事の進め方を、私は「マラソン式仕事術」と呼んでいます。

しかし、マラソンのように同じ仕事をずっと続けていると飽きてくることもあります。

これは仕事に限ったことではありません。どんなに好きなことであっても、必ず「飽き」はくるのです。

休憩をとることで、脳や心をリセットし、集中力を取り戻すことはできます。しかし、10分という時間は、気分転換をし、飽きを解消するのには短すぎます。

ただ、仕事中は、昼休みを除けば、休憩はとれても10分くらいでしょう。

取り組む仕事の内容を変えることで、限られた休憩時間しかとれなくても、集中力を維持させることができます。オフィスによっては、他の人の目もあり、休憩を何度もとりにくいところもあるでしょう。そういう環境であればなおさら、仕事の内容を変えることが休憩の役割を果たすのです。

1つの仕事をひたすら続けるのではなく、適宜、違う仕事にも取り組む、私はこれを「**ヒルティ式時間術**」と呼び、原稿を書くなど、まとめて取り組まないとできあがらない仕事以外は、いろいろな仕事に並行して取り組むようにしています。

すると、仕事に集中できるようになるとともに、それぞれの仕事に対してワクワクできています。

違う仕事に取り組むことで、先に取り組んでいた仕事のアイデアが浮かぶこともよくあります。

リーダーになると、上司や部下、他部署など、あらゆる方向からの仕事が来ますので、1つの仕事にずっと取り組むことが難しくなります。プレイヤーの頃以上に、並行して仕事を進めていく必要があります。だからこそ、「ヒルティ式時間術」を活用するのが効果的になります。

「ヒルティ式時間術」の活用は、仕事だけに限りません。

私は仕事柄、多くの本を読む必要があります。その際にも「コミュニケーション本」と「哲学本」や「歴史の本」、「短編小説」などを交互に読むようにしています。すると、読了までのスピードもかなり短縮できます。何より集中して読むことができています。

ちなみに、この交互に何かに取り組むというシステムは、皆さんも学生時代に経験していいます。英語の授業のあとに理科の授業、歴史の授業のあとに数学の授業というふうに、1時間おきに学ぶ対象が変わっていたことでしょう。だからこそ、飽きっぽい子どもたちが集中力を保って授業に参加できていたのです。

POINT 4

さまざまな仕事に並行して取り組むことによって効果が高まる

5 仕事に追われるリーダーは部下に「いつでも相談に来いよ」と言い、仕事が速いリーダーは「相談禁止タイム」を設ける

集中して仕事に取り組んでいても、部下が「ちょっといいですか」と相談に来たとたん、仕事の手を止めなくてはならない。1人の話を聞くと、「次、私もいいでしょうか」と次々に声がかかり、結局自分の仕事に戻れない。

リーダーをしていると、日々、そんな状況なのではないでしょうか。

私もそうでした。チーム内に新人に近い、経験の浅い若手メンバーが3人いたときは、ただただ振り回されている状態、と言ってもいいほどでした。

先日お会いしたYさんは、6人の部下を抱えるリーダーとして、良いチームをつくろうと奮闘されていました。

「最近は心理的安全性などと言われているので、部下が相談しやすい雰囲気をつくるよう意識しないと」と考え、日々、部下たちの相談に乗り、質問に答え、指導をしていると言います。いつしか、「困ったらいつでも相談に来いよ」が口癖になっていたそうです。

他にもリーダーとして取り組んでいることをお話ししてくださったのですが、ふっと息をついたかと思うと、こう続けました。

「ただ……、心の中では、『少しはこちらの雰囲気を察してから相談に来いよ。オレが忙しいのがわからないのかよ』と思うことばかりです。自分の仕事が中断されることが多く、仕事は遅れ、溜まっていく一方。睡眠不足の状態が続いているんです」

私が講演や研修を通して接してきたリーダーの多くが、Yさんのように「リーダーは部下への対応を重視しなければならない」と、常に自分のことよりも部下のことを優先しています。部下の仕事を優先し、自分自身の仕事は後回しにした結果、どんどん仕事ができなくなり、成果も挙げられない。自分がリーダーであるべき理由や、リーダーとして何ができているのかがわからなくなり、悩んでいるという人の話を聞くことも少なくありません。

そんなある日、Zさんという、10人ほどの部下を抱えるリーダーに会いました。部下の仕事と自分の仕事のバランスについて、どう思うかと聞いてみたところ、「本当はいけないのかもしれませんが……」と、日々の働き方についてお話ししてくれました。

Zさんは毎日、自分の仕事だけをする時間を確保していました。集中するために「相談禁止タイム」を設け、周知徹底していたのです。

「相談禁止タイム」とは、この時間には相談に来ないでくれ、来ても応えない、というスタンスで仕事をする時間です。

一見、部下の仕事が止まってしまうように感じますが、そもそもリーダーが会議中や来客中、外出中のときは、部下は相談できないわけです。それと何ら変わりません。

もちろん、1分1秒を争うような緊急の事項もあるかもしれませんが、部下の仕事を普段から把握できていれば、よほどのことがない限り、対応が数時間あとになっても大丈夫な案件がほとんどのはずです。

実際、Zさんも最初のうちは、部下になかなか理解してもらえず、大変だったようですが、毎朝「今日、相談に応じられるのは14時から16時半まで」とか「15時から16時は会議、そのあと、会議の内容をまとめて企画書を作らなくてはいけないので、会議の前の14時半までしか相談を受けられない」などと伝え続けたことにより、だんだん浸透してきて、今では他部署の人も「相談禁止タイム」中にZさんを訪ねてくることはなくなったそうです。

勇気を持って「自分1人で集中できる時間」を確保しましょう。

あなたの仕事がはかどるほうが、会社にとってもチームにとっても、そして、相談のタイミングを調整することになる部下たちにとっても、業績が上がるなどのメリットがあります。また、部下もそんなリーダーを見て、他の人とのアポばかりでなく、自分自身の仕事をする時間をしっかり確保しようと良い仕事の進め方をできるようになります。

とかくリーダーは、部下はもちろん、上司や他部署の人など、他の人に振り回されてしまいがちです。自分の心身を守るためにも、円滑に仕事を進めるためにも、自分自身の仕事をする自分とのアポの時間も意識的に確保しておきましょう。

POINT 5

リーダーも仕事をしていることを知らしめることで環境が変わる

第4章

会議こそ、工夫次第で時短ができる

1 仕事に追われるリーダーは自分が進行役になり、仕事が速いリーダーは部下に進行役を任せる

会議は部下育成の場としてとても有効です。

部下に会議を仕切らせることで、ファシリテーション力やコミュニケーション力が向上し、リーダーシップも身につきます。また、会議で決まったことについて、「自分たちで決めた」という意識から責任感を持って主体的に取り組むようになります。

ただし、部下に仕切りを頼むだけでいいわけではありません。

では、どのように進行役を任せればよいのでしょうか。

リーダーに近いナンバー2の部下に進行役をやってもらうのがいいと考える方が多いかと思いますが、実はそうではありません。

若手メンバーからナンバー2的な立場の人まで、交互に進行役を担当してもらいます。

時には、会議にリーダーは参加せず、メンバーだけで進めてもらいましょう。

若手メンバーが進行役でリーダーが不在だと、声の大きなベテランメンバーなどが会議の進行を妨げようとしてくる場合があります。そんなときは**ナンバー2の人が若手の進行役を補佐し、2人で対応してもらいます。ナンバー2がいわゆる「代行リーダー」の役割をする**のです。

この経験をすることで、自分がチームを率いることになったときに困った年上の部下に対してもうまくコミュニケーションがとれるようになります。

「人材育成」の業務の予習をすることができるというわけです。

リーダーが会議を仕切ると、他のメンバーは一参加者という意識でしかなく、いつまでも「指示されたから動く」というスタンスになってしまいます。リーダーがいなくても動くことが当たり前になると、リーダーを頼りすぎず、さまざまなことを自分たちで決められるようになります。

会議の時間だけでなく、日常業務においても、リーダーの時間が増えるのです。

POINT 1

リーダーがいなくても回るチームをつくる

2 仕事に追われるリーダーは準備を念入りにし、仕事が速いリーダーは準備を最低限にする

リーダーAさんは、会議の前になると、いつも以上に忙しくなります。事前準備に追われるためです。

半期に一度の全体会議ともなると、開催前の3日間は、社内に缶詰めになって資料作成をするほどで、その間、自分の担当仕事は完全にストップしていると言います。

Aさんほどではないにしろ、事前準備に時間をとられているリーダーは多いでしょう。

かつて私が会社員だったときは、直属の上司から完璧な準備を求められ、会議当日に失態をしないために、「会議のための会議」までありました。さらには、会議資料を完璧なものにするべく、前日にはシミュレーションを行い、完璧な資料、ツッコミどころのない資料に仕上げていました。

事前準備をしっかりすることは会議の時間をムダにしないためにも大切です。

しかし、事前準備に時間をかけすぎるのも問題です。

会議の場には上層部なども参加することがあり、業績が悪い場合や提案のニーズが合っていない場合などには厳しい叱責を受けることもあるでしょう。そうすると、会議時間も長くなるかもしれません。

ただ、忘れてはいけないのが、**社内の上層部のための資料は1円も生まない**ことです。

リーダーBさんは、会議の事前準備にかける時間を最低限にすることを徹底しています。

Bさんがしているのは、主に次のようなことです（111ページ参照）。

- 会議資料のフォーマットを定めておき、会議に必要な情報を入れ込むだけにしておく
- 内容が具体的にわかる議題をつける
- 開催の数日前までに関係者に資料を送る（関係者に資料を送る日を予告しておく）
- 参照資料のURLなどのリンクを張っておき、事前に見ておくことができるようにする
- 報告会議のときは、報告に必要な資料だけを準備する

・会議で突っ込まれそうな部分の対策を練っておく
・想定質問と回答は準備するものの、そのための資料は準備しない

事前準備のための事前準備をしておくことで、ゼロから資料を作る必要がなく、時間を大幅に短縮できているのです。

「会議対策が足りないのでは？」と思うかもしれませんが、何が起きても大丈夫という万全な状態にするのは不可能です。質問者の中には、あら探しをするのが好きな人、たままその日の機嫌が悪いだけの人もいます。そのような人に合わせて、必要になるかどうかもわからないことに時間を使うより、実際に指摘されたことに対応していけばよいのです。

仮に相手が「視野が狭い」「準備不足だ」と言ってきたら、謝ればいいだけです。

会議に参加する上層部も皆、限られた時間で仕事をしています。

フォーマットやルールを作るなど、事前準備もパターン化して割り切ることも、時間をムダにしないためには大切なことです。

POINT 2

事前準備は対策で時短できる

議案フォーマット例

【5月・6月売上減少の件】		
①	問題	面談件数の減少
②	要因	アポイントがうまく取れていない
③	対策	【第1案】営業リーダーの研修 【第2案】全営業スタッフの研修
④	予想できる効果	1日当たり平均面談件数4件（12月）
⑤	時期	【第1案】9月 【第2案】10月～11月
⑥	コスト	【第1案】100万円 【第2案】300万円

3 仕事に追われるリーダーは「念のため」と参加人数を増やそうとし、仕事が速いリーダーはできるだけ参加人数を減らそうとする

Cさんの会社は、当事者でない人にも情報を共有すべきという考えから、会議は常に大人数で行っています。

新商品開発についてのミーティングであれば、商品開発の責任者だけでなく、そのチームのナンバー2や、お客様との面談を行うシステム部の担当者の参加が命じられます。

このようなスタンスだと、スケジュールを立てようにも、会議の開催日時にとらわれることになり、メンバーの負担が大きくなってしまいます。実際、「忙しいのに参加させられた」「出た意味がなかった」など、ネガティブな言葉が多く聞かれるようです。

情報を共有することで、リスク管理もでき、新たな案がより多く出る可能性もあるので

よいのではないか、という会社の考えもよくわかりますが、実際に効果がなければ、お互いに消耗するばかりになってしまいます。

また、会議に大人数が参加することで失うものもあります。

例えば、1つの会議に営業のスタッフが5名、参加しているとします。

仮に1時間の1人当たりの人件費を4000円とすると、@4000円×1時間×5人＝20000円分のコストが発生するとともに、この時間を使って彼らが挙げられたかもしれない売上を失うことになります。ネガティブな気持ちになることも防げるでしょう。

もし、この会議の参加者を2人に減らすと、@4000円×1時間×3人＝12000円分のコストが削減でき、その分を他の業務に費やすことができます。

会議への参加人数が多ければ多いほど、発表者や発言者ではない当事者以外の人は、傍観者的な立ち位置になってしまいます。

会議はできるだけ参加人数を絞り、それぞれがそれぞれの仕事をすることで、効率的に仕事が回り、結果として、リーダーも会議の負担が減るのです。

POINT 3

人数が多ければいいというわけではない

4 仕事に追われるリーダーはミーティングを朝からやり、仕事が速いリーダーはミーティングを夕方にやる

皆さんは、ミーティングを朝の時間帯に行っていませんか？

私はこれには反対です。

理由は大きく分けて3つあります。

1つ目は、アイデア会議などの前向きなものもありますが、やはり、チームミーティングの場では、状況や成績の確認があったり、叱責を受けたり、厳しいツッコミが入ったりと、部下のモチベーションが低下するようなこともせざるを得ないからです。

朝にモチベーションを下げてしまうと、1日落ち込むことになってしまいかねません。

これは、なかなかもったいないことです。

その日の業務をある程度終えた夕方にミーティングを行えば、「よし明日から頑張るぞ」で終わりです。

2つ目は、朝にミーティングを行うと、終了期限がなく、だらだらしてしまうことです。たいていの場合、ミーティングの開始時刻はきっちり決まっているのに、終了時刻は曖昧です。

さらに、午前中はミーティングがあるからと、次の予定を午後イチにしてしまう人間の心理も働き、急いで終える必要がないという状態ができてしまうのです。

夕方のミーティングにすれば、定時という締め切りがあるため、その時間までに終わりにするように心がけるでしょう。

3つ目は、朝という時間帯の特性です。

実は、これが最大の理由です。

クリエイティブな仕事など頭を使う仕事は朝に限定せず、自分の生産性がいちばん高くなる時間帯にすればいいのですが、それでも多くの人の生産性が高い時間帯は「朝」です。

逆に、人と会って話をするのに適した時間帯は「午後」です。

ですから、朝という時間をミーティングに充てることは、パフォーマンスという面では、とても矛盾しているのです。


ちなみに、私はミーティングを行うのに適さない日があると考えています。

それは、金曜日、もしくは休前日です。

特に、報告会議などの叱責を伴う可能性のある会議は、たとえ夕方であっても金曜日にするのは望ましくありません。

叱られたあとに休日があるから気分転換になるのではないかと考えるかもしれませんが、実際、多数のビジネスパーソンに聞いてみたところ、休み前に叱責されると休み中まで引きずってしまうという意見が多くありました。

叱られたら、誰しも落ち込みます。そして、その落ち込みを挽回できてはじめて、復活することができます。休前日だと、挽回の機会を得ることのないまま週末（休日）を迎えることになってしまうため、落ち込みがどんどん深くなっていってしまいます。

適正な時間の使い方ができると、パフォーマンスが上がり、仕事もスムーズに進みやすい環境になります。

試しに一度、ミーティングの時間帯を変えてみてください。その効果が体感できるはずです。

POINT 4

時間帯の相性を意識してミーティングを行う

5 仕事に追われるリーダーは終了時間のみ定め、仕事が速いリーダーは議案ごとに締め切りを設定する

長らく日本では、会議の開始時刻は定めるものの、終了時刻は定めずエンドレスになるという状態が続いていました。

しかし、「働き方改革」などにより時短を意識するようになり、会議の終了時刻を定めるところが増えました。

一方で、「会議は悪」「会議はムダなもの」と思っている人はまだまだいます。

それは、思う通りに進行していないケースが多いからです。

会議の時間は短くなったけれど、「内容が薄い」「議案が飛ばされた」などの意見が出ています。

ある会社の会議では、1時間の予定時間に対し、4つの議案が出ていました。

しかし、1つの議案が長引いてしまい、2つの議案が後回しになってしまいました。

なぜ、こうなってしまったのか。それは、数ある議案の中での優先順位が勝手につけられてしまう、あるいは時間の配分がうまくできていないのが理由です。


〈悪い会議の具体例〉
・16時～16時45分　第1議案
・16時45分～17時　第2議案
第3議案&第4議案は後回し

これでは、第3議案・第4議案を発案した人、議案に対して調査をしてきた人にとっては、時間がまったくムダになってしまったと言っても過言ではありません。

このようにならないように、仕事が速いリーダーは、それぞれの議案の締め切りを次の例のようにしっかり定め、会議の冒頭で出席者に伝えるとともに、ホワイトボードに書き出し、常に皆に意識してもらうようにしています。

〈良い会議の具体例〉
・16時～16時15分　第1議案
・16時15分～16時30分　第2議案
・16時30分～16時45分　第3議案
・16時45分～17時　第4議案

しかし、そうはいっても、このように議案を1つずつしっかり時間内に終わらせるには工夫が必要です。具体的には次のようにしています。

1　議題が逸れたときにすぐに戻している

会議が長引く要因の1つに、議題が逸れることがあります。

議題が逸れて雑談のようになる場合、笑いなどが起きて和やかな雰囲気がつくられる場合もありますが、会議の目的が議案の決定であるのですから、雑談は「今」する必要はありません。

交流目的の場は会議終了後に設ければいいでしょう。

2 意見が特定の人に偏らないようにしている

会議では、年長者の声の大きな人ばかりが話してしまいがちです。

このような声の大きな人には、なかなか異を唱えづらく、他の出席者の「心理的安全性」が担保されていないことも少なくありません。

議案に応じて意見を述べるのにふさわしい人を指名するようにしたいものです。

また、反対意見ばかり出す人に対しては、改善案とセットで発言してもらうようにすると、ただ単に自分の権威を示そうとする人の不要な発言を防止することができます。

3 意見を述べる人に制限時間を設ける

「この案について3分で意見をお願いします」というように、1人ひとりの発言時間に制限を設けましょう。

会議の場に限らず、端的に話すことは、コミュニケーション力アップのトレーニングにもなります。

4 準備をしっかりしてきてもらう

会議を議案について話し合う場とするのではなく、議案を決定する場と定めましょう。

そうすることで、出席者は事前準備をしっかりしてくるようになります。

5 ブレインライティングありきにする

ブレスト会議をする場合は、あまり時間を詰めるべきではありません。

ただ、意見がなかなか出てこない場合もあります。

特に、経験の浅いメンバーや気が弱いメンバーの中には、すぐにはアイデアが思いつかないという人もいます。そのような場合は、ブレインライティングで対応するといいでしょう。

議論が白熱したり話が逸れたりすると、あっという間に時間は過ぎていきます。議題ごとにしっかり終了時間を決め、さらには大きな声の人や他の人の発言時間を長く奪ってしまう人には注意を払うようにしましょう。

会議こそ、タイムマネジメント&進行管理が必要なのです。

POINT 5

区切りがあるから決められることがある

6 仕事に追われるリーダーは会議終了後も対立を引きずり、仕事が速いリーダーは意見の対立にとどめる

会議において意見の対立があるからこそ、イノベーションが生まれるといいます。

そもそも反対意見が出るからこそ、さらに考えを深掘りすることができ、アイデアが生まれるのです。

ですから、会議中の意見対立は必要不可欠なものであり、悪ではないのです。

ところが、日本人の特性なのか、ビジネスシーンであっても、自分の意見に対して否定や反論をされると、自分自身を否定されたかのように感じて、感情的に対立してしまうことがあります。

欧米では「コンフリクトマネジメント」といった対立をうまく活かすスキルが求められています。

コンフリクトマネジメントは、チームや組織内で意見の対立が起きたとき、それを避けようとするのではなく、逆にチームや組織の活性化や成長機会と捉え、積極的に対立を生かして問題解決を図ろうとする取り組みのことをいいます。

仕事に追われるリーダーAさんは、イノベーションを生むためにも対立は必要不可欠と考え、先日は別部署の同じリーダーのCさんに対して意見を述べました。Aさんは正論を言えばいいという考えの持ち主で、クッション言葉を使わずにハッキリとした物言いをする傾向があります。すると、同じ立場ではありながらも年上のCさんは気分を害したようで、会議終了後も2人の仲はぎこちないままで、「人間関係の対立」に発展してしまいました。

結果、お互いに仕事を頼みづらくなってしまいました。

一方、仕事が速いリーダーBさんは、対立意見を出しても、会議終了後は関係を悪化させず、「仕事上での意見の対立」にとどめていました。

Bさんは Aさんと何が違うのでしょうか。

具体的には次の3点が違っていました。

1 相手の意見への反対であることを伝える

ローコンテクスト（前提となる知識やカルチャーの理解がなくてもわかるシンプルで明快なコミュニケーション）を大切にしてきた欧米と違い、ハイコンテクスト（知識やカルチャーの理解があるものとして進むコミュニケーション）を大切にしてきた**日本では、反対意見を言うとその人自身への否定と捉えられがち**です。

ですから、「A案に対する反対意見を出すよ。あくまでその『意見』に対する否定だよ」と伝えます。

2 気分を害してしまった場合はしっかり謝罪する

会議が終わっても相手が怒っているような素振りを見せたときは、すぐに謝罪します。謝られればたいてい怒りは収まりますし、謝ることができる人は良い印象を与えます。謝ることは、自分の権威を下げるどころか、「謝ることができる人＝信頼できる人」とむしろ権威性が高まります。

3 陰褒めをしてみる

会議の場でかなりヒートアップしてしまい、相手も怒り続けていて謝罪を受け入れてくれる様子がなければ、次のような「陰褒め」をしてみましょう。

「Cさんの意見、鋭かったな。○○をターゲットにするなんて思いつかなかったな」

「Cさんってどうやって企画を考えているんだろう。あんな視点、普通は気づかないよな」

そのうえで、対立が生じる3つの要因を理解しておきましょう。

①立場の違い

それぞれの立場で意見は異なります。

（例）経理部 vs 商品開発部
　　　システム部 vs 営業部
　　　部長 vs 現場担当

このように、立場の違いによって対立は生じるものです。

しかも、人は自分の視点が起点となっています。

「人間関係の対立」に発展させない人は、仮に営業部の場合、「システム部の方の対応が大変になってしまい申し訳ありませんが」と伝えます。

②重視しているものの違い

（例）コスト重視vs楽しさ重視（新しいもの好き）
　　人間関係重視vs効率性重視

このように、重視しているものが違えば、当然、対立が生まれます。

新しいもの好きのアグレッシブに新規開拓をしたい人がコスト重視の人に「お金をかけないと何も生まれないですよ。新規ビジネスをしないと、既存の分野の売り上げだけに頼ることになり危険ですよ」と言うのは望ましくありません。この場合は、「最初に１０００万円の初期費用がかかるのは抵抗があるかもしれませんが……」とクッション言葉で相手を気遣うようにします。

③情報の違い

情報を知っているかどうかで、大きく意見は変わります。

仮に、ある土地が売られているとします。

徒歩10分圏内に10年後に新幹線の駅ができるというのを知っているかどうかで、購入の意思も変わってくるでしょう。

もちろん、同じ情報でも「情報に対する解釈」が変わる場合もあります。

例えば、同業チェーンのお店が駅の逆側（南口）にできた場合、「雨に濡れずに行けるし、駅ビルだからお客様を奪われるな」と考える人もいれば、「北口に住んでいる人がわざわざ南口に行かないだろう」と解釈する人もいるものです。

それぞれの意見が違うのは仕方ないことです。

むしろ、対立意見は自分が気づかなかった視点を与えてくれるありがたいものです。リーダーは、解釈を誤らないことです。

それでもぎくしゃくしてしまった場合は、すぐにフォローをするようにしましょう。

POINT 6

意見の対立は会議の中で終わらせる（意見の対立を長引かせない）

第5章

時間をムダにしない資料作成術

1 仕事に追われるリーダーは秘書思考ですべてを完璧にしようとし、仕事が速いリーダーはバーテン思考で相手の欲しい情報だけあればいいと割り切る

会議やプレゼン、商談、社内への伝達、上層部への報告など、ビジネスシーンでは、資料を作成する機会が少なくありません。

資料の作成、または部下が作った資料の確認に時間を費やすリーダーも多いでしょう。

資料には完全な正解はなく、完璧を目指そうとすればするほど、時間も労力もかかってしまいます。

しかし、**時間や労力をかけたからといって、それに見合った「報酬」が発生するかというと、そうではないことがほとんどです。**

Ｆさんは、プレゼンのたびに、分厚い情報満載の提案資料をチームで作成していました。取引先が資料だけでさまざまな情報を手に入れられるように、また、契約後に聞いていない、知らなかったというトラブルが起きないようにと配慮してのものでした。しかし、どんなにしっかりした資料を作成し、提出しても、受注に至らないことが多くありました。

ある時、取引先から「資料が多すぎてどこを見ればいいのかわからない」という指摘があり、Ｆさんはハッとしたそうです。

Ｆさんのような何があるかわからないから多くの情報を用意する（書類を作成しておく）、完璧を求める考え方を、私は**「秘書思考」**と名付けています。

秘書は、組織のトップ、役員、経営陣など、会社経営の要の仕事をしている上層部のサポートをするのが仕事です。そのため、自分の仕事だけでなく、自分が担当している経営陣がミスのないように日々の業務で細心の注意を図って、１つ１つの仕事を進めています。ちょっとしたミスが大きな問題になりかねないからです。

もしかしたらこのようなことを相手が要望してくるのではないかとシミュレーションをしながら、取引先の人事や会食相手の好きなものなどといった情報を事前に集めておいたり、次に取り組む分野の勉強をしておいて専門用語がわかるようになっていたりします。

Ｆさんの資料はまさに、小さなリスクであってもその可能性を無視することなく、徹底的に情報を集めておく、秘書の方のお仕事のスタンスと同じなので、秘書思考というわけです。

さて、話をもとに戻しましょう。

会社に戻ったＦさんは、残業をすることなくトップセールスであり続けている先輩に、「資料に書いておかないで何か後々問題になったらどうしようとか考えますか？」と聞いたところ、「どんな問題が起きるかはわからないからね。起きてしまったときにすぐに対応すれば、問題にならないよ。そもそも資料を読んでもらえなければ意味がないから、そっちを優先している」との回答でした。

私はこの先輩のような、求められているものを満たせばいいという考えを「バーテン思考」と名づけました。

バーテンは、バーというお酒を楽しむ場でサービスをする仕事です。必要以上にお客様に話しかけたり何かを案内したりはしない代わりに、何か相談されたら答えるといったスタンスでお客様のニーズに応えています。過度にサービスをするわけではないのですが、バーテンの気遣い、言葉の選び方などにお客様は心惹かれるのでしょう。

かつて私の部下に「バーテン」をしていた経験がある若手メンバーがいました。彼は相手の気持ちを汲み取ることが非常に上手でした。口数は多くないのですが、要望にはしっかり寄り添うので営業成績もトップでした。でも、最低限の資料しか用意していませんでした。

それ以来、Ｆさんは「資料は求められているものを満たせればいい」と考えるようになり、資料作成にかかる時間がぐんと短縮されました。

その代わり、相手が何を求めているか、どんな資料を作るのが相手にとってよいかを、事前にしっかり調査し、考えるようにしました。

相手が何を求めているかを知るために、Ｆさんは次の２点を意識するようにしました。

①判断基準はどこにあるのか

「契約する相手を選ぶにあたって、どの点が基準になるか」「稟議を可決する際には何を満たしていたらいいいか」などを聞いていきます。

「実績を知りたい」

「効用を知りたい」

「スピードを知りたい」

「納期を知りたい」

「初期費用を知りたい」

「ランニング費用を知りたい」

「アフターサービスを知りたい」

相手から出てきたキーワードがニーズです。そのニーズを満たすための情報を資料に載せればいいのです。

②相手の言葉に注目する

取引先との会話の中によく出てくる「ワード（語句）」に注目します。

「コスト」「利益」「時間」「コミュニケーション」「お客様」「リスク」など、よく出てくるワードがあれば、それは取引先が普段から強く意識しているものだということです。それを含めた資料を作成すればいいのです。

あとは相手に資料を見てもらい、より詳細な資料を作ってほしいと言われたら対応するようにしましょう。

「念のために」と資料を作成しておくことは悪いことではありませんが、それでは時間がいくらあっても足りません。

ですからまずはバーテンのようにニーズにだけ対応すればいいと考えることで、資料作成に要する時間は大幅に減らすことができます。

最低限の内容だけ押さえておき、相手にとって必要な「詳細」はあとから調べて伝えるようにしても、問題はほぼ起きません。

反対に、完璧な資料を作成しても、相手が何か聞いてきたり、さらに詳しい資料を求められたりすることもあります。

不要に振り回されないためにも、相手のニーズだけ満たしておけばいい、相手が聞いてきた時に対応すればいいと割り切ることも大切です。

POINT 1

資料は必要なものだけを与えればいい

2 仕事に追われるリーダーはアリの視点でチェックし、仕事が速いリーダーはコンドルの視点でチェックする

Gさんは、部下のIさんから「見てほしい」と言われて預かった10ページ超の提案書を確認していたところ、誤字を見つけました。ビジネスシーンにおいて、書類や資料の誤字脱字は恥ずかしいことです。

Gさんは、3日間かけて**アリの視点**でくまなくチェックし、3回見直しをして誤字を3か所見つけ、文字の大きさについてもメモを入れました。

ミスのないよう、マイナスのないようにすることが、リーダーの仕事だとGさんは考えているのです。

Iさんにチェックしたものを渡すと、Iさんは何か言いたげな表情でしたが、「ありがとうございます」と言って、席に戻っていきました。

実は、お客様に持っていく前に提案書の内容についてアドバイスが欲しかったIさん。誤字の指摘だけであったことにかえって不安を覚えました。文字の大きさについてだけ言及されたことも不満でした。そこで、前年まで直属の上司であったHさんにも提案書を見てもらいたいと相談したところ、「今回だけなら」と言って引き受けてくれました。

Hさんは提案書を受け取るなり、**コンドルの視点**、いわゆる「鳥の目」で提案書を確認し、構成について「金額は最後に提示したほうがいい」「ちょっと比較表がわかりにくいな」と具体的な改善ポイントを指摘しました。さらに、Gさんが指摘した文字の大きさも改善したほうがよいこと、細かな誤字脱字や言い回しは自分で責任を持って確認・修正するよう伝えたところ、Iさんは「確かに。そうすると、Gさんの言う通り、この部分は文字の大きさも変えたほうがよいですね。なるほど」とうなずき、元気よく「ありがとうございます」と言って、晴れ晴れとした顔で自分の机に戻るなり修正を始めました。

リーダーの仕事は、リーダーだからこそできることをすることです。

部下では気づけない、判断できないことができるから、部下も相談に来るのです。

誤字脱字チェックといったアリの視点は、部下でも持てる視点です。それでミスをなくすことはできても、可能性を広げることは難しいでしょう。

一方で、コンドルの視点は、高い位置から全体を見ます。この例で言えば、お客様との商談を想定し、お客様としての視点も持ち合わせた広い視点です。

そのため、全体のバランスや見え方などを広い視野で捉えることができます。

ところが、作り手はなかなかコンドルの視点まで視野を広げることができません。

そこで、リーダーの登場というわけです。


もちろん、書類や資料をミスのないものにすることは、最低限のマナーです。

ただし、リーダーでなければできない仕事ではありません。金額や受注数などの大事な数字であっても、チェックまでくまなくやっていると切りがありません。

リーダーの時間は限られています。確かに、リーダーがチェックをすればミスも見つかるかもしれません。しかし、部下が注意を払えば、リーダーが加わっても部下が1人でやっても大差がないでしょう。ですから、リーダーは、リーダーだからこそできる幅広い視野が必要な仕事に時間をかけましょう。

ミスが起きないようにするために、具体的にどの部分をチェックすればいいかをあらかじめ決めておきます。ミスのパターンは共通していることが多いからです。

例えば、見積書をチェックする場合は、「日付」「金額」「有効期限」「会社名」だけ指差歓呼します。相手に損害を及ぼしたり、相手の気分を害したりする可能性のある箇所だけチェックします。そうすることで、結果的に新たな時間を生み出せるようになるのです。

部下には気づけない視点を持ち合わせてアドバイスするのがリーダーの仕事です。

リーダーはコンドルの視点、つまり、自分自身の視点とともにお客様視点、会社視点というように、常に複数の立場の人の視点を持つように意識しましょう。

POINT 2

リーダーの仕事はダメ出しではなく導くこと

3 仕事に追われるリーダーは中間報告の期日を指定し、仕事が速いリーダーは中間報告の期日を相手に指定させる

「役員会で発表する営業報告書の作成の一部を部下に頼んだ。役員会の2日前に上がってきたが、欲しい情報が入っておらず、結局かなりの時間を要して自分で作成し直した」

「大口の取引が望めるE社のコンペで使う提案書の作成を勉強を兼ねて部下に頼んだ。思っていたのとだいぶ違うものが上がってきて徹夜で修正を余儀なくされた」

部下に資料作成を頼んだけれど、「求められる内容と一致していない」「頼んだ内容が反映されていない」ものが上がってきて、「任せられないな」と思った経験のある方は少なくないでしょう。

今度、新規の取引先のK社にプレゼンをすることになったJさんは、忙しくて資料作成

ができないため、いつも一緒にK社に行っている部下に資料作成を依頼し、プレゼンの1週間前に中間報告をしてもらい、残りの1週間で課題を潰し、仕上げていくというスケジュールを立てました。

ところが、結局、Jさん主体で資料を作成する羽目になりました。

どうしてそのような事態になったのでしょうか。

理由は、中間報告の時点で部下が持ってきた資料が、「リーダーのためのやらされ仕事」だからと前日の夜に慌てて形を整えたことが見え見えの状態のものだったからです。そんな部下に任せることはできません。そのため、Jさんがやり直しをすることになったのです。

一見、中間報告の日をきちんと決めて計画的に動いたことが功を奏したようですが、仕事が速いリーダーは、中間報告の日の決め方がひと味違います。

仕事が速くて有名なリーダーLさんは、部下に資料作成を頼むときは必ず、「こちらでイメージしている内容と食い違っていて、やり直しになったり、修正に時間がかかったりしたら悪いから、中間報告をする日を決めたいと思う。○○さんの都合の良いタイミングでいい。いつにするか、今日中に決めて連絡して。もちろん、今決められたらより良いけれど」と伝えます。

ポイントは、「中間報告が何のためにあるのか」を示すことと、部下に期日を決めてもらうこと。

部下に決めてもらうことで、自分が主体であることを認識させるのです。

「リーダーのため」でなく「自分のため」の中間報告であると思ってもらったほうが、部下も「自分ごと」として取り組めるようになります。

Lさんの秘策は、これだけではありません。

中間報告の前に、もう1つの期限を設定します。

それは、資料作成を頼んだ1時間後です。

そのタイミングで、イメージのすり合わせを行うのです。

「取りかかる前に解釈にズレがないか確認したい。ラフ案とスケジュールを1時間後までにまとめてもらえるかな」と伝え、作成の指示を出したら1時間、そのことを考えさせ、イメージ構築までやってしまうのです。

スケジュールに無理はないか、書類のできあがりイメージがズレていないかをスタートの段階で確認することで、ブレやズレが解消され、やり直しをするような事態は激減します。中間報告でもすり合わせを行うため、ブレやズレには気づけますが、そこまでに進めてきた工程がムダになってしまうこともあり得ます。

「ブレやズレが生じないために、むしろ最初は一緒に取り組み、途中から任せればいいのでは？」と思うかもしれません。

ですが、リーダー自身が忙しいと、新しい仕事に手を付けること自体がなかなかできないものです。

さらに、人は、複雑な工程を要する仕事や難易度の高い仕事はつい後回しにしてしまいます。でも、後回しにしたからといって忘れ去ることはできず、結局、常にどこかで「気になっている」状態が続き、結果、疲弊してしまいます。

脳がマルチタスク状態になるのを防止する意味でも、まずは部下に動いてもらう、スタートしてしまうことが肝心です。

POINT 3

やっぱり最初が肝心。熱いうちに打て

4

仕事に追われるリーダーは「その仕事をする理由・背景」を会社視点で伝え、仕事が速いリーダーは「なぜその人に頼むのか」を伝える

メンバーに資料作成を依頼するときは、「なぜその資料を作成してほしいのか」を伝える必要があります。

「作成する理由」や「その資料の使い道（あとの工程）」がわからないと、相手は「やらされてる」と感じてしまうからです。「やらされ感」を抱くと、資料の出来具合に影響してくることもあります。メンバーの資料完成までの時間にも差が生じます。

仕事に追われるリーダーMさんは、部下に書類作成を依頼することにしました。

「来週の役員会議で使うから、この先3カ月で獲得できそうなAランク・Bランクの見込

み客のリストアップをして」

部下は「かしこまりました」と引き受けたものの、「なぜ自分がやる必要があるのだろうか。隣の席のSさんのほうが時間がありそうなのに。なぜ私ばかり頼まれるのだろうか」と不満に思っていました。

その結果、見込み客の名前が羅列されただけの資料が上がってきたため、Mさんは会議用の資料を自分で作り直すことになってしまいました。

仕事が速いリーダーは、部下に資料作成を依頼するときは、必ず本人のやる気を出すポイントに即した頼み方をします。

「来週のプレゼンで使うE社の提案資料、頼んだぞ。獲れたら大口顧客になるから、昇格のきっかけにアピールできる。だからC君にお願いしたいんだ」

「来週の経営会議の資料をもとに来期の上半期の予測をまとめた図表を作ってほしい。部署内の予算を昨年より20％多く確保できるチャンスだから。そうすれば、D君がこの前言っていた新しいサービスの立ち上げも検討できるしさ」

この場合、前者のC君は「昇格をしたい」というキャリアアップ志向、後者のD君は「新しいサービスを立ち上げたい」というチャレンジ志向があるわけです。

仕事が速いリーダーは、このように部下の心に火をつけるポイントを「ＷＨＹ」にして伝えることで、資料作成をスムーズにやってもらうようにしているのです。

部下に仕事を依頼する際は、「なぜその仕事をあなたにお願いしたいのか」と部下視点で頼むようにしましょう。

「Ｖさんならホテル業界のことに詳しいからお願いしたいと思って」

「Ｏさんの作成する資料は本当にわかりやすいから」

このように伝えると、「上司が自分に頼んできた理由」も相手に伝わっていいでしょう。

仕事をお願いするときはつい「上司の視点でのお願いする理由」になってしまい、部下はやらされていると感じてしまうこともあるでしょう。

主体性がない仕事は品質を下げるものになりかねないので、注意が必要です。

POINT 4

人は「自分ごと」として取り組む「自分」だからよいのだと思うと、

第6章

コミュニケーションツールはルールで時短を図る

1 仕事に追われるリーダーは優先順位をつけて返信し、仕事が速いリーダーは受信日時順に返信する

いつも仕事に追われているOさんは、メールを返信する時間をつくるのもなかなか難しいことから、優先度の高いものから返信するようにしています。

ただ、リーダーともなると、1日に数十通、多いときでは数百通のメールを受信するため、優先順位をつけるだけでも結構な時間がかかっているのが現状です。

さらに最近、部下から、「Pさんより私のほうが早くメールしたのに、なぜPさんのメールに先に対応したのでしょうか。差別じゃないですか」と言われてしまいました。

リーダーとして重要度は低いと判断し、つい後回しにしていたのですが、その部下にとっては重要度の高い案件を後回しにしてしまっていたことに気づかされ、Oさんは混乱してしまいました。

一方で、仕事が速いリーダーQさんは、メールを受信日時の順に処理しています。「どの案件を優先させたらいいか」「誰のメールを先に返すべきか」「どのメールを後回しにするか」といった、タイトルだけでは判断できないことを考えるのに時間を使うくらいなら、その時間を使って実際の文面を確認し、確かな情報で対応を判断したほうが確実にミスも減るからです。

その日もメールを開いて確認していたところ、タイトルを見たらただのイベントの案内メールだったのに、文面を読むと、先方から「イベントに関する相談ごと」が記されていたのですが、すぐに対応ができました。メールのタイトルには、必ずしも相手の意図が反映されているわけではないことがよくわかります。

ちなみに、Qさんはメールのフォルダ分けをしていません。

取引先ごとに自動にA社、B社、C社とフォルダ分けを設定している人も多いでしょうが、そうすると、わざわざフォルダを開けてからメールを開く必要があり、かえって手間がかかってしまうからです。

メールを全部確認して返信していたら、大変な労力と時間を使うことになるのではないかと、思う人もいるでしょう。

私も、そう思っていた1人です。

ですが、Qさんは、メールが来るたびに確認するのではなく、1時間半ごとなどと時間を決め、そのタイミングでまとめて全部（宣伝、メルマガなどは除く）に目を通し、交渉ごとに関するもの、自分では決裁できないもの、調べる必要があるものなど、返信を作成するのに3分以上の時間がかかるものは、「メール対応タイム」を別途設けて、そこで集中して対応し、それ以外のものは必要最低限の文面で作成し、どんどん返信していくという方法をとっていました。

「メール対応タイム」とは、返信するのに考えたり調べたりする必要があるメールに対応するための時間です。まとまった時間をとることで、焦って本来別の視点で考える必要があるものが抜けていてトラブルや二度手間になるといったことを防止できます。

たいていのメールはあくまで連絡手段なので、必要なことを、誤解を与えない表現で、正しく伝えることが大切なのであり、丁寧かどうかは二の次だからです。

また、どんどん返信することで、相手も行動を止めなくて済み、お互いにとって時間をムダにしなくて済むというメリットがあります。

メールは毎日、この時間に対応すると決めて、スケジュールに組み込んでおきましょう。
返信は、受信日時の順に行いましょう。
そうすることで、メールの確認中に中断せざるを得ないことが入った場合でも、「○日の△時までのメールは対応した」と管理でき、対応すべきメールを見落とす心配もなくなるからです。

仕事において優先順位づけは大切なことです。
しかし、メール対応に優先順位づけすることは、時間がかなりとられますし、重要度の基準が曖昧なので大事なメールを後回しにしてしまうこともあり、周囲からの信頼をなくす可能性もあります。

メールの内容の重要度を意識するよりも、「トラブルを防止する」「相手の気分を害さない」といったマイナス点だけ避ければいいと考えて、受信日時順に対応しましょう。

POINT 1

メールの役割を最大限活用する

2 仕事に追われるリーダーは「1行メール」を使い、仕事が速いリーダーはねぎらいを入れたメールを送る

最近、ビジネス書やネット記事などで、「1行メール」を推奨しているのを見かけます。

皆さんの周りでも実践している人がいるのではないでしょうか。

「1行メール」とは、社内の人向けのメールにおいて「よろしくお願いします」「お疲れ様です」などの挨拶は入れず、用件のみを返すというものです。例えば、「承知しました」「そのまま進めましょう」「課長に確認して返信しますね」などのひと言を返すだけでOK。メールは用件だけ伝えればいいという考えです。

先ほど、メールは来たものから順に返信していくのがいいとお伝えしました。それなら、この「1行メール」が合っているのではと考える人もいるでしょう。

ですが私は、リーダーはこの「1行メール」を使うべきではないと考えています。

というのも、「お疲れ様です」「よろしくお願いします」といったねぎらいの言葉や挨拶を入れて文面を作ったとして、せいぜい数十秒のロスです。

今や、SNSの文面ですら文末に「。」がついているかどうかで大騒ぎする時代。「1行メール」を受け取った部下が、「リーダーは怒っているのかな」「これは何の意味なのかな？」と戸惑って仕事の手を止めてしまうことになりかねません。それこそ、時間のムダになってしまいます。

部下の心を重くしたり迷わせたりして、モチベーションを下げてしまう可能性もあります。

ましてや、昨今はリモートワークも増え、お互いの表情を日々見ているわけではありません。行間が読めずに悩んだ部下が、「これはどんな意味でしょうか」などとリーダーに確認のためのメールを送ってくることも考えられます。すると、新たなやりとりが発生し、リーダーも部下も時間をとられることになります。

数秒の時間をかけることをケチった結果、何十分ものムダな時間が発生するのでは本末転倒ですし、失うものも多すぎます。

さらに、リーダーに対して、部下が不信感を抱いたり、不安を覚えたりすることもあり得るのです。

まさに「1行メール」は「安物買いの銭失い」の時間バージョンなのです。

もちろん、長々とメールを打つ必要はありません。

大事なのは、あなたの想いや考えが正しく伝わることです。

「ねぎらい」の言葉を入れ、そして「どう行動してほしいのか」を伝えましょう。


時には「ラポート・トーク」や「追伸」を入れるといいでしょう。

「リポート・トーク」とは社会言語学者の東照二《あずましょうじ》氏が考えたもので、事実などの情報を相手にリポートするように伝える話し方をいいます。

それに対し、感情や心の動きを相手に感じてもらう話し方を「ラポート・トーク」と呼んでいます。ラポート・トークは、馴染みやすいところでいうと「追伸」にあたります。

「追伸」によって、実は人間関係の距離を縮めることができます。

リアルのコミュニケーションでは会話が成り立たない相手であっても、「追伸」を使えばひと言で済むのです。ちょっと想像してみてください。メールの最後にひと言、

「関東は大雪のようでしたが、大丈夫でしたか？」
「気温差が激しい時期ですが、ご自愛くださいませ」

こんな言葉が添えてあったら、何だか心が温まりますよね。
また、こんな短いひと言であれば、添えるのも難しくないでしょう。

「今日は新商品の起案会議でお疲れだと思うけど……」
「A社のコンペの資料づくりで忙しいと思うけど……」

とひと言入れるだけで、**「リーダーは自分のことを見てくれているのだな」と部下はリーダーに好感を持つでしょう。**

ぜひ追伸をうまく活用しましょう。コスパ（信頼関係の構築）は絶大です。

POINT 2

ひと言を効果的に使うことができるのがメール

3 仕事に追われるリーダーは即返信を心がけ、仕事が速いリーダーは時間をおいてからの返信にする

「メールの返信はできるだけ早くしたほうがいい」

ＬＩＮＥやメッセンジャーが主なやりとりの手段になり、開封後に「既読のマーク」がつくようになってから、「即レス」「即返信」により大きな価値が置かれるようになってきました。

また、仕事において「スピード」は大事です。

何かを頼んだとき、早く対応してもらえると相手に好感を持つでしょう。

しかし、リーダーとなると話は変わります。

確かに「スピード」はあったほうがいいと思いますが、過度に意識すると、ひたすら仕事に追われ続けて疲弊してしまい、仕事への集中力も低下してしまいます。

ミスやメンタル不全につながってしまうかもしれません。

リーダーとして発した一言で会社としての判断が決まることもあります。最優先は必ずしも「スピード」ではないのです。

そもそも「即返信」には次の３つのデメリットがあります。

１ 仕事が中断される

即返信ということは、メールが送られてくるたびに確認が必要になるということです。それには、メールを受信するたびにポップアップが点灯するように設定するなど、届いたのがわかるような状態にしておくことになります。ただし、その連絡が来た瞬間、他の仕事をしていても集中が途切れてしまいます。

パソコンが再起動するのに時間がかかるのと同様に、仕事が一度中断されてしまうと、再度、集中できる状態に戻すまでに、時間がかかります。

この集中までの時間を「起動時間」「スイッチングコスト」と私は呼んでいます。

仮に、平均的な起動時間を5分として、メールチェックを1日に20回行うとすると、合計１００分、2時間近くの時間は集中力が低い状態になってしまうというわけです。

2 感情のコントロールができない

リーダーになると、様々なメールが届きます。辛辣《しんらつ》なメールやクレームのメールを受信することもあるでしょう。

そんなとき、「すぐに返さないと」と思うと、つい感情的にメールを書いてしまい、不要なトラブルを起こしてしまうことになりかねません。

3 返信が雑になり、相手の気分を害する

「即レス」を意識すると、メールを「しっかり精読」せずに、「速読」してしまいがちです。

長い文章をさーっと読むことで、相手の真意を受け止め損ねたり、回答を求めている箇所を見落としてしまったりといったことが起こり得ます。その状態で返信してしまうと、相手が求めるものとはズレが生じるので、いくら素早い対応だとしても、相手は気分を害してしまうでしょう。

部下からの相談や商談に関して指示を仰ぐメールに対して雑な返信をしてしまったら、信用も失いかねません。

これまで何人もの仕事が速いリーダーに話を聞いてきましたが、**仕事ができる人ほど、**

時間をおいてから返信していました。

一般に、メールの返信に関しては24時間以内に返せばマナー違反ではありません。

研究者のエリザベス・ダンらは、「メールのチェック回数を減らすことは、暖かい南の島で泳ぐことを1日に数回想像するのと同じくらいのストレス低減効果がありそうだ」と書いています。即返信をやめるのはストレス解消にもつながります。

ただし、リーダーは立場上、決裁など業務を止めてしまう可能性のある案件の相談をメールで部下から受けることがあります。

私がオススメしているのは、50分経過したらメールをチェックし、さらに、「基本は2時間以内に返信する。ただし、急ぎの対応が必要な場合はメールではなく電話にしてもらう」という進め方です。

電話での相談をルール化すると、「急ぎで対応する必要があるかどうか」を部下自身が吟味するようになるというメリットがあります。

本当に必要なものだけに対応していきましょう。

POINT 3

レスはスピードよりも正しさが大事

4 仕事に追われるリーダーはCCメールを徹底させ、仕事が速いリーダーは行動してほしい人のみにメールを送る

Sさんは、部下に対して、取引先などとの連絡メールでは、必ずCCにSさんと関係する人を入れるよう指示していました。

「情報を知っておいてほしいと思う人」には共有しておこうという考えと、部下がどんなメールを送っているかを知っておきたい、CCで受信することで報告や相談の時間を省ける、という思いからの指示でした。

皆さんの中にも、同じような方針の人もいることでしょう。

では、ここで1つ質問です。

届いたCCメールを、あなたはすべてチェックしていますでしょうか。

チェックできていないなら、受信しないほうがいいでしょう。

受信トレイのメール数が増えるだけですし、受信の数が多くなると「見落とし」や「対応漏れ」などのミスにつながる可能性が高くなります。

そして何より、部下はリーダーがメールを受信している＝リーダーはメールを読んでいると考え、「報告しなくていいや。ＣＣを送っているから」と判断しますし、何も言われないということは「リーダーも承諾している」ということだと捉えます。とても危険ですよね。

ＣＣを廃止しても、部下にしっかり報告・相談してもらえばいいだけです。報告や相談を部下にしてもらうことは、部下の言語化力、伝える力のアップにもつながります。

また、上司をＣＣに入れるのをやめることで、部下の当事者意識や責任感が増します。

ちなみに、ＣＣメールをすべて細かく読んでいる場合、それも問題だったりします。

部下に任せられていない、プレイヤー気質が抜けていない、ということだからです。「任せる勇気」を持つためにもＣＣは禁止しましょう。

新人などの経験の浅い人や、重要なクライアントを引き継ぐ場合などに期間限定や業務限定でCCに入るのはいいですが、それもしばらくしたらやめましょう。

不安に思うかもしれませんが、実際、何人ものリーダーに試してもらったところ、まったく問題がなかったとの声が相次いでいます。

受信するメールは少ないほうが、時間はとられませんし、部下と話す機会も増えるので効率的です。

POINT 4

CCを減らすと部下が育ち、リーダーも成長できる

5 仕事に追われるリーダーは100点のマナーを重視し、仕事が速いリーダーは合格点で割り切る

Tさんは、非常に厳格でミスを許さないリーダーとして、部下に恐れられていました。

部下に対してだけでなく、自分に対しても厳しく、メールを書く際は、書き出しがおかしくないか、日本語として誤りがないか、「てにをは」や言い回しは合っているか、タイプミスなどによる誤字脱字はないか、送り先の社名・部署名に間違いがないか、といったことを毎回、細かくチェックしています。

特に、相手の社名や名前を間違うのはよくありません。部署名・肩書を入れたうえで、相手の「名前」と「様（敬称）」の間を半角空きにするなど、相手の気分を害さないよう「マイナス防止」に時間をかけていました。

こうした気配りはもちろん大事ですが、100点満点の完璧なメールを目指そうとする

と、いくら時間があっても足りません。実際、Tさんは1日の3分の1の時間をメール対応にとられていると言っても過言ではありませんでした

一方で、仕事が速いリーダーUさんは、相手の求める内容が漏れなく記載されてさえいれば、文章のレベルは80点、つまり合格点のレベルに達していればいいと割り切っています。

Uさんが重視しているのは次の3つです。

1　大事な部分を間違えなければいいと考える

請求書を送るなら、日付・金額・宛名など重要な部分に間違いがなければいいと考えます。また、間違いを防止するためにも、余計なことは記しません。

例えば、相手の名前には肩書などを入れず、「会社名」＋「名前　様」にします。怒られない最低点を狙うのです。

2　感覚を合わせる

メールの文体は、基本的には相手に合わせます。

例えば、やわらかい文面で送ってくる人は距離を縮めようとしていることが多いので、堅苦しい文体を好みません。

逆に、堅苦しい文章を送ってくる人は、一定の距離を保ったり、礼儀を重んじたりしている傾向がありますので、文体を合わせることで、「きちんとした人だな」と信頼を得られます。

メールの文章には「ソフトな雰囲気で交流したいのか」、あるいは「マナーを重視したいのか」が現れる傾向にありますので、相手の文体に合わせておくことで、相手の気分を害するといったマイナスを防止できます。

相手が顔文字や「！」マークをつけたメールを送ってきたら、これは距離を縮めよう、やわらかい雰囲気をつくろうという気持ちの現れです。これらも1つくらい「！」を入れて、相手に合わせたほうがいいでしょう。

ただし、ハラスメントにならないよう、自分から顔文字や「！」マークを使うのではなく、「相手が使ってきたら使う」とするのがよいでしょう。

3 「伝わる」を重視する

メールは「伝達手段」です。「伝わらない」ことや「間違って伝わる」ことがいちばんの問題です。

曖昧な言葉は間違った伝わり方をすることが多いので、やり直しなどのムダな時間が生じる原因となります。また、形容詞や副詞などはなるべく避け、解釈が1つしかない数字を使った伝え方にしたほうがいいでしょう。

メールは完璧を求めようとすると切りがありません。

連絡手段と割り切り、マイナスになる可能性のあるものにだけ留意して、合格点をクリアすればいいと考えましょう。

POINT 5

人はメールに100点を求めていない

6 仕事に追われるリーダーはグループを増やし続け、仕事が速いリーダーは定期的にグループを整理する

最近、社員同士のやりとりをメールからグループチャットに切り替えている会社が増えています。

チャットには、メールと比べて次のような利点があります。

1 送り漏れてしまうメンバーがいなくなる
2 迷惑メールに入ることがないので、見逃すことが少ない
3 容量の大きい添付ファイルでも送信に時間がかからない
4 一度送ったメッセージを編集・削除できる

とても便利であるがゆえに、プロジェクトごとにグループを立ち上げる場合もあれば、最初は1つのプロジェクトのグループだったのが、やりとりが密になったために、新たにそのテーマだけについてやりとりするための別グループを作成する場合もあるようです。

結果的に、より細やかにやりとりができた、ブレストができたといった効果を耳にします。

ところが最近、仕事に追われているリーダーから「グループチャットが増えすぎて大変だ」という声をよく聞きます。

あるリーダーは、送られてくるメールは減ったものの、チャットのチェックだけで半日が終わってしまうので、これまで資料や本を読むなど情報のインプットに充てていた通勤時間や取引先への移動時間を使ってひたすらチェックし、メッセージを返していると言っていました。

チャットのグループが乱立してしまったことで、自分宛てのメッセージがあるかどうかを探しながらチェックし、返事をしていくので、結局、状況確認がきちんとできているかわからなくなり、会社に戻ってから、各担当に状況確認をすることもあるとのこと。これでは、手間も時間もかかってしまっていて、グループチャットを活用する意味が薄れてしまっています。

チャットだと会話のラリーがしやすいからこそ、「了解しました」「確認しておくよ」といったメッセージやリアクションを残さなくてはならず、かえって時間がとられてしまうと言う別のリーダーもいました。

なぜそんなことになっているかというと、理由は明白です。グループチャットがきちんと整理されていないからです。

最近は「探し物は時間のムダ遣い」という意識が高まり、パソコンのファイル名やフォルダ名のつけ方にルールを定め、社内のデータ管理を徹底している組織も増えています。なのに、グループチャットに関しては、なぜか整理がされていないのです。

グループチャットの管理者はリーダーであることがほとんどでしょう。言い換えると、**リーダーがグループチャットを使いこなすことで、部下、ひいてはチーム全体の時間のムダや負担を減らすことができるということです。**

グループチャットをうまく活用するうえで大事なのは、活動しないグループをきちんと決めるということです。

案件が終了してやりとりがなくなったものは、グループ名の前に【終了】と入れて、そのあとは使用を禁止します。

【終了】とすることで、投稿する場所を間違えるなどといった問題もなくなるので、時間を節約できます。

プロジェクト自体は終わっているのに、やりとりが続いている場合は、意識的にラリーを返さないようにして、使用頻度を落とし、終了させましょう。それでも終わらない場合は、「今回はいろいろな意見を出してくれてありがとう。別途またお話ししようか」といった言葉でまとめましょう。

なお、ここで注意したいのは、「そろそろ業務に戻らないといけないから」といった言葉を使わないようにすることです。チャットでやりとりしていた内容が重要性の乏しいものだと思われたのかと部下に感じさせないようにしたいものです。

POINT 6

便利なものは便利に使い、いらないものは**終わらせる**

第7章

適材適所でチームを運営することでムダな時間がなくなる

1 仕事に追われるリーダーは「ネガティブな同調圧力」を強め、仕事が速いリーダーは「ポジティブな同調圧力」をつくり出す

「みんなと同じことをしないといけない」「みんなと同じ格好をしないといけない」という空気のことを「同調圧力」といいます。

以前、金曜日にカジュアルな装いで出勤する「カジュアルフライデー」を取り入れた会社がありました。社員には、穴の開いたジーンズや露出の多い洋服以外なら何でもいいと伝えたのですが、結局、皆、いつもとあまり変わらない格好で、スーツがジャケットになったり、シャツが白からストライプやクレリックに変わったりした程度で出社してきたそうです。

おそらく、ベテラン社員からの「とはいえ、会社だからね」といった、なんとなくの同調圧力があったため、皆、無難なスタイルにしたのではないか、と当時の総務担当のリー

ダーが言っていました。

日本は、世界の中でも「同調圧力」が強い傾向にある国だとされています。無意識のうちに出しているので気づきにくいのですが、「協調性」を求めること、会社の「慣習」を持ち出すことも「同調圧力」とされることがあります。

仕事に追われるリーダーWさんは「ネガティブな同調圧力」を生み出していました。

Wさんのチームには、定年まであと2年という年上部下のXさんという方がいました。Xさんは、Wさんが入社したときの教育係だった方で、現在は役職定年になり、シニアメンバーとして役職なしでWさんの下に配属されたのでした。

Xさんはチームのメンバーを教育するのは自分の役割とばかり、いろいろとアドバイスをしてくれるのですが、いずれも自分が経験してきたことの範囲内のものばかりで、新しいことを否定する一方です。例えばこんな具合です。

若手メンバーが企画案を出すと、

「以前、俺もそんな企画をやったんだけど、ウチの販路では難しかったんだよ」

「新しいことを始めるとなると、通常業務が回らなくなるんだよね。前もあったけど、結局スキルが身につかなくて尻拭いが大変だったんだよ」

などと頭ごなしに否定します。

そんなXさんの態度に他のメンバーは「どうせ、何を言っても……」とすっかりモチベーションを下げてしまいました。「ネガティブな同調圧力」がチーム全体に浸透してしまっていたのです。

「なんとなくネガティブになっている」なんて、とても残念なことですよね。

リーダーがネガティブな同調圧力を生み出していたのではありませんが、若手メンバーの案を否定するXさんをそのままにしていたので、ネガティブな同調圧力を生み出していたという言い方が適切でしょう。

「同調圧力」というと悪いイメージを思い浮かべがちですが、それが良い方向に動くことも、もちろんあります。

例えば、駅のホームで電車を待っているとき、ほとんどの人が縦の列にきちんと並んでいます。横入りする人も少ないですし、「降りる人優先」も守っている人がほとんどです。

この「同調圧力」をうまく活用してチーム力を上げたリーダーがいます。

Yさんは営業チームの責任者です。この会社では、1人につき1つの県を担当しているため、営業担当は直行直帰というスタイルで勤務し、2週間に一度だけ出社し、顔を合わせてミーティングを行っています。

ともすれば自由にやりたい放題になってしまうのを、Yさんはグループチャットを活用し、毎日、朝に「今日の予定」を、夕方に「今日の結果」を書き込むという仕組みをつくり、チーム一体となって仕事をしている意識を持つように仕向けたのです。

するとだんだん、受注結果をお昼に書き込んだり、仕入れた情報を共有したりするメンバーが出てきました。

その結果、「自分も営業して成果を出さなきゃ」「私も行動しないとチームの一員として居づらくなるから頑張ろう」という「ポジティブな同調圧力」がチームに広がったのです。

やらざるを得ないといったポジティブな同調圧力を生み出せば、良い循環のスパイラルが起きていきます。「同調圧力」をうまく利用していきましょう。

POINT 1

動きたくなる仕組みをつくる

2 仕事に追われるリーダーは「誰」の意見かを重視し、仕事が速いリーダーは意見の「内容」を重視する

人は意見の内容よりも、その意見を誰が言ったかを重視しがちです。

例えばあなたが好感を持っている人や尊敬している人から「採用されるプレゼン資料のコツ」を教わったとしたら、早速取り入れるのではないでしょうか。

一方で、普段業績を上げていない人や信頼していない人から同じようにコツを教えられたとしても、スルーしてしまうのではないでしょうか。

実は、これはかなり危険なことなのです。

ある広告会社のリーダーAさんが、女性向けの媒体の仕事を担当することになり、アシスタントの30代の女性Bさんに意見を求めていました。Bさんは対象読者層に入るので、

何かヒントが得られるはずだと考えたのです。

そこに、50代の部長がやってきて、こう言いました。

「Bさんに聞いてもしょうがないだろう。Bさんはアシスタントだし、そんなにいい意見は出てこないよ。広告業界に詳しくないんだから」

Aさんは部長の意見をその場では聞いておいたものの、せっかくだからとBさんの案をクライアントに話してみました。するとクライアントは「貴重な情報をありがとうございます」と喜び、取引の拡大につながったのです。

人はつい、この部長のように「経験」や「実績」を重視してしまいがちです。

例えば、私が現在、仕事をしている研修業界や講演業界では「経験が十数年ある私たちが言うんだから」と言う人が多くいます。その一方で、経験はさほどないものの、いろいろな人の意見を取り入れながら活動している会社が業績を大きく伸ばしていたりもします。

知らないからこそ、自由な意見、多様な意見が出てくることだってあり得ます。

「誰が言ったか」を基準にしていると、せっかくの機会を逸する可能性もあります。

以前、私が勤めていた会社の他部署で、常に業績トップクラスで目標を達成しているCさんと、目標未達が続いているDさんがまったく同じ案を出したのに、Cさんの案は決裁が通り、Dさんの案が通らないということがありました。

業績を上げている人や、チームの方針に従っている好感度の高い人の意見に対しては、リーダーもつい、「この人が言うということは検討すべきことなのだろう」「頑張っているのだから、こちらも意見を聞かなくては」と提案を受け入れる態勢に自然となりがちです。

一方、目標未達の人やミスが多く成果を挙げられていない人が同じように提案をしてきても、「提案してくる前にやることがあるだろう」と、無意識のうちに厳しい目で見てしまっていることもあるでしょう。

実際、Dさんに対して「提案するのはいいけど、まずはDさんがやるべきことをきちんとやろうよ。そうでないと不満を言っているだけに聞こえるよ」と注意している上司の姿を見たことがあります。

Cさんの意見とDさんの意見が違っていて、Dさんの意見のほうが的を射ているというケースもあるはずなのに、このような状態では、Dさんは「どうせ意見を出しても却下される」と心理的安全性を害し、意見を出さなくなってしまうかもしれません。それは、組織にとってもったいないことです。

仕事が速いリーダーは「誰が言ったか」よりも「意見の内容」を採用の判断基準にします。

そうすることで、結果的に、意見を出すメンバーのモチベーションが上がり、仕事を手伝ってくれるようになるうえに、貴重な時短の情報を得られたりすることも多いのです。

長い目で見ると、仕事がよりスムーズに、より速く進むようになることだってあります。

「誰が言ったか」を基準にすることは、リーダーどころかチーム全体の視野を狭めてしまうことにもなりかねません。

提案内容だけに注目し、本当に必要な意見を採用しましょう。

POINT 2

良い意見は誰が挙げてくれるかわからない。リーダーは見逃さないのが仕事

3

仕事に追われるリーダーはナンバー2にイエスマンを選び、仕事が速いリーダーはナンバー2に批判してくる人を選ぶ

仕事に追われるリーダーほど、ナンバー2にイエスマンタイプの人を選びます。

ナンバー2とは、リーダーの意見をアシストしてくれる貢献力の高い人のことをいいます。

これまで多くの会社では、リーダーが目標を定め、それに向けて組織で取り組んでいくためにナンバー2が動くという役割分担になっていました。

リーダーが今期は新規開拓を重視しようと言ったら、ナンバー2は後輩や他のメンバーたちに「新規開拓をやっていくぞ」と声をかけ、皆がより一丸となってリーダーの考えている方向に進むようにアシストをするのです。

「貢献力」の高い行動とは次のようなものです。

・通常の役割以外のことでも、組織が成果を挙げるためには率先して担う
・上司や他のメンバーの手柄になることがわかっていても、チームのためなら自分の利益を気にせず、積極的に取り組んでいく
・メンバーやチームのために自分が持っている知識、ノウハウを出し惜しみしない
・上司の意図をいち早く察知し、かゆいところに手を届かせてサポートする
・会社や上司が求めていることをしっかりと把握し、それにふさわしい人材を目指す
・上司が苦手なことを黙ってサポートし、喜ばせることで良い関係を構築していく
・上司の意図を他のメンバーや後輩に積極的に伝え、行動を促している

しかし、先行きが不透明なうえに変化のスピードが激しい多様性の時代となったことで、働く目的や仕事への向き合い方などが人それぞれであることが認められるようになった現在、リーダーが正解を１人で設定し、導くというスタイルが難しくなってきています。

そのため、**ナンバー２には時にはリーダーに耳の痛いことも言ってくれる、批判力（異見力）がある人が求められるようになりました。**

ナンバー２として持つべき批判力（異見力）の具体的な例を挙げていきましょう。

・リーダーから指示を受けたときに、疑問点があればその場で質問をする
・リーダーが迷っているときは、違う角度から意見を述べたり、アドバイスをしたりする
・組織や市場の様子を見て気づくことがあれば、リーダーの考えと違っても意見を述べる
・仕事の改善案や形骸化された不要なルールの廃止案・改訂案を積極的に出していく
・リーダーだけでなく組織が明らかに間違った方向に進んでいる場合は是正の提案をする

このように、リーダーにとっては耳の痛いことや気分を害することであっても、はっきりと異見を述べます。

もちろん、リーダーに人前で恥をかかせたりすることはしません。

こうした力を持ち、なおかつ自分と違うタイプをナンバー2に登用することで、自分が苦手なことを代わりにやってもらうことができます。

新しいアイデアをどんどん出して新事業を立ち上げるのが得意なBさんは、新設部署のリーダーになりました。そこで、自分とはタイプの異なる、物事を実直に細やかに成し遂げるのが得意なCさんに、ナンバー2こと、サブリーダーをお願いすることにしました。

Bさんは、新しいことを発案することはできるのですが、それによって起こりうるリス

クを論理的に分析することが苦手でした。一方、Cさんは、アイデアを現実的な計画に落とし込み、多額の追加費用がかかる可能性はないか、法的に違反するようなことはないか、といったマイナス点を検証するなど、リスク管理ができる人でした。

こうして、BさんとCさんというまったく違うタイプの2人が組んだことで、リーダーであるBさんは苦手な仕事に時間を奪われないで済むようになり、その新設部署はどんどん成果を上げ、初年度から目標を達成することができたそうです。

イエスマンタイプの人をナンバー2に置くと、リーダーの思い通りに進めてくれるので、一見、仕事が速く進んでいるように見えます。しかし、リーダーの進め方が100%正しいとは限りません。イエスマンは、より良い方法を探して提案してくるようなことがないため、リーダーの案のまま進めることになり、もしかしたら時間がかかりすぎていることだってあり得るのです。

ぶつかることがあっても、批判力（異見力）のあるナンバー2を選びましょう。

POINT 3

リーダーの得意を活かしたチームをつくる

4 仕事に追われるリーダーは全員をマネジメントしようとし、仕事が速いリーダーは苦手な部下は別の人にマネジメントを頼む

Dさんは仕事に追われながらも、チームのメンバー全員としっかり1対1で接し、コミュニケーションをとるようにしていました。

部下は全部で10人いるため、日々、部下からの相談・報告がひっきりなしに届きます。時間がない中、Dさんはそれぞれに対して真摯に対応するように心がけていました。

そんなDさんには、悩みの種の部下が2人いました。1人は同世代、もう1人は10歳年上なのですが、何が悩みの種かというと、2人ともDさんのあら探しをしては責め立てるのです。その対応に時間がとられるうえに、精神的に疲れてしまい、仕事のスピードがどんどん落ちていきました。

実はここ最近、Dさんのような悩みを抱えている人が増えています。真面目な人ほど、悩み、心が疲れてしまっているように思います。

そういう私も、リーダー職をしていたときに、同じ悩みを抱えていました。年上の部下がいたのですが、まったく合わなかったのです。

今で言う、部下から上司に対する「逆ハラスメント」のような感じで、何を言っても反発してくるし、「まったくどちらが上司なんだよ。結果も出せないくせに」と言われたこともありました。もめるたびにチームの雰囲気が悪くなっていたため、その人を手放したい旨を人事や上司に伝えたいと思う反面、「マネジメント能力が欠如していると思われるのではないか」という気持ちもあり、葛藤しながら過ごしていました。

何をやっても好転せず、どうしていいのかわからなくなってしまったそんなとき、ナンバー2の役割をしてくれていた年上の部下が、「彼は私が見ましょうか。年齢も彼は私の1歳年下と近いですし、いろいろと話を聞く機会もあるので」と言ってくれました。彼から言い出してくれたことがうれしく、心強く感じたので思い切って任せてみることにしました。彼に任せることで、私の悩みが減れば、他の部下への対応や自分のリーダーとしてやるべき仕事に時間を使えると思ったのです。

しばらくすると、問題だった部下の反抗的な態度がだいぶ減り、落ち着いて話すことができるようになってきました。

この経験から、Dさんのような悩みを抱えている人には、マネジメント担当を代わってもらうことを推奨しています。

勘違いしてほしくないのですが、これはリーダーとしての能力が足りない、という話ではありません。人としての相性の問題です。人にはそれぞれ個性があるので、相性が合う・合わないがあるのは当たり前のことです。

そもそもどんな人とも100%良好な関係を築ける人など、ほとんどいないでしょう。世間話をする程度なら、お互い大人なので良い関係でいられるでしょうが、リーダーと部下という関係である以上、時には嫌なことを言ったり評価をしたりしないといけません。そんなときに、相性が良くないという要素が入ってしまうと、真面目な話をするうえで妨げとなり、お互いにとって良い状態で会話をするのは難しくなってしまいがちです。

ナンバー2や他の管理職の力を堂々と借りましょう。

仕事が速いリーダーは全員の部下と1対1の関係を築くのではなく、それぞれ合う人を間に挟むようにしています。相性が悪い部下には直接対応しないようにしているリーダーも多いです。

間に入ってもらうメンバーもリーダーに頼られると承認欲求が満たされます。

また、一度任せたら、その部下の報告や相談をリーダーは直接受けないようにします。これは間に入る人との信頼を確保するためです。「彼のことは任せる」と言っておきながら、リーダーが直接やりとりしていたら、頼まれた側は「自分を完全には信用してもらっていないのではないか」と、リーダーへの信頼をなくしかねません。

そもそも、人が1人で対応できるのは、多くて6人までと言われています。

つまり、リーダーだからといって、チームメンバー全員を見ることは無理なのです。

1人ひとりと真面目に密にコミュニケーションをとろうとするのではなく、チームのメンバーをうまく活かしていけばいいのです。

POINT 4

苦手な部下を任せることは相手の成長につながる

5 仕事に追われるリーダーはカリスマリーダーを目指し、仕事が速いリーダーは部下を主役にしたサーバントリーダーを目指す

リーダーは、やはり先頭に立って背中で引っ張る存在でなければならない。

そんなふうに考え、どんどん指示命令を出していく〝カリスマリーダー〟の姿をイメージし、そこを目標にしている人も多いでしょう。

カリスマリーダーを目指すほどではないにしても、「チームの仕事はすべて把握していないといけない」「事細かにリーダーが指示を出さなくてはならない」と、真面目にリーダーの職務を果たそうと考えている人は、その責任感から、常に仕事に追われています。

しかし、ビジネスの環境が変わり、ネットやＡＩが発達し、スピードが速くなっている現在では、リーダーがチームの仕事すべてを把握し、それこそ全知全能で指示を出すことが難しくなりました。指示命令型リーダーのもとでは、次のような弊害が生まれています。

・どうせ違うことをやって怒られるくらいなら、言われたことだけをやっておけばいいと考え、部下が指示待ちになる
・部下が自分で考えて行動しなくなるので、成長のスピードが遅い

皆さんの中にも、このようなチームの状態に頭を抱えている方もいるかもしれませんね。その結果、「部下に頼んで失敗されるくらいなら自分がやったほうがいい」「部下に任せるよりも自分がやったほうが早い」と考えて、いつまで経っても部下に仕事を任せられず、それゆえ部下も成長していかないという負のループにはまってしまっている方もいるのではないでしょうか。

ようやく部下に任せても（仕事を渡しても）、状況が変わるたび、変更が生じるたびにあなたが関与していると、部下もあなたが関与するのが当たり前だと考え、自分で何とかしようとしなくなるため、あなたの仕事は一向に減らず、いくら時間があっても足りないでしょう。

時代の変化とともに、リーダーのあり方も変わっていく必要があります。

私がオススメしているのは、共感型リーダーです。

共感型リーダーの代表的なものが「サーバントリーダーシップ」（支援型リーダーシップ）という考え方です。部下に奉仕・支援することで目標達成を促すリーダーシップスタイルで、会社やリーダーが掲げた方針のもとで部下に主体的に動いてもらうようにします。部下が主体的に動くので、成長のスピードも加速しますし、何よりリーダーが関与しなくていい仕事が増えるので、時間に余裕が生まれます。その分、企画を考えたり投資的な仕事に充てたりすることができます。

サーバントリーダーシップに必要な要素は次の8項目です。

1　傾聴力▼部下の声に耳を傾ける
2　フィードバック▼仕事の指示や目標をわかりやすく伝える
3　心理的安全性▼自分の考えや意見を安心して発信できるようにする
4　納得▼服従させるのではなく、納得を促して仕事を進める
5　裏方役▼部下が活躍できるよう裏方に回る
6　成長へのアシスト▼個々の成長を促すようサポートする

7 チームへの環境づくり ▼ メンバーが成長できるコミュニティをつくる

8 平常心 ▼ ミスやトラブルがあった時でも、感情的にならずに接する

リーダーが直接的に何かをするというよりも、サポートしたり環境を整えたりして、間接的に働きかける、つまり、補佐的なことに徹するのです。

例えば、部下が仕事で行き詰まったとき、能力が高いリーダーほど具体的な指示を出したり、「こうすればうまくいく」と、すぐに解決策を教えたりしてしまいがちですが、サーバントリーダーは、部下に成功体験を積んでもらうために、仕事をただ任せます。

ポイントは「自分がやったほうが早い」とリーダーが自ら動いてしまいたくなる気持ちをグッとこらえ、評価対象はチームだと念頭に置くことです。

本来部下が判断すべき仕事にはリーダーは関与せず、任せましょう。そして、リーダーは本来の「リーダーの仕事」に時間をかけましょう。そうすることで部下が主体的に動くようになり、チームも成長します。勇気を出して割り切りましょう。

POINT 5

部下に伴走することで成長を促しながら仕事を進める

6 仕事に追われるリーダーは1人でリーダーシップをとろうとし、仕事が速いリーダーはチーム全員でリーダーシップをとろうとする

Eさんは10人のメンバーを抱えるチームのリーダーを務めています。

チームとして成長しなければと、孤独と闘いながらチームを引っ張ってきたのですが、ここ数年、うまくチーム運営ができていないことに悩んでいました。

チーム運営がうまくいっていないために、本来は部下同士で進められる仕事も「任せる」ことができずに、自分が「関与」することになり、その結果、部下も「やらされている」と感じて、ますます仕事の質が下がったり、言われたことだけやっておけばいいと自分で考えなくなったりしてしまい、Eさんが部下に「指示をするための時間」がさらに増えてしまう悪循環。指示をするには、プレイヤーとしての知識も必要になるので、学びにかな

り時間をかけるようになります。もちろん「学び」は大切なのですが、リーダーとして学ぶべき対象が違っています。

Eさんは、自分が頑張れば頑張るほどチームがうまくいかなくなる状況に、すっかり疲弊してしまいました。

私は仕事柄、日々たくさんのリーダー職の方や経営者の方とお会いし、話を聞いていますが、新型コロナの大流行などにより働き方やビジネス環境、考え方が大きく変わったことから、これまでの事例が踏襲できなくなったこと、市場の飽和によりイノベーションが求められるようになったことなどもあり、１人でリーダーシップをとることには限界が生まれているように感じます。

実際、ここ数年、仕事がうまく回っているリーダーは、Eさんとは違うリーダーの務め方をしています。

Fさんは、自分は全知全能とは程遠く、メンバーの力を借りなければ仕事が回らないと考え、すべてメンバーの誰かとともに行うようにしています。

Fさんはこんな自分にもリーダーの素質があるということは、メンバーも皆、何かしらのリーダーシップを持ち合わせていると考え、発揮してもらおうと考えたのです。

そのために、メンバーそれぞれの得意なものを抽出し、業務ごとにリーダーに任命します。例えばミーティングで10分講師をしてもらったり、関係する議題のときにはミーティングでファシリテーターになってもらったりと、若手メンバーのうちからリーダーの素養を身につけてもらうのです。

具体的には、「資料作成リーダー」「ChatGPT活用リーダー」「A商品販売促進リーダー」「B商品販売促進リーダー」「SNS投稿リーダー」であったり、時期的に「2月の月間新規開拓強化リーダー」をMさん、「3月の月間新規開拓強化リーダー」をNさんというように任せていきます。


メンバー全員がリーダーシップをとることで、次のようなメリットがあります。

1　イノベーションが実現できる

知識や経験が豊富な人のアイデアには説得力があり、経験の浅いメンバーには枠にとらわれない奇抜な発想や新鮮さがあります。

リーダーでは気づけないアイデアが見つかり、新しい価値が生み出されるケースは少なくありません。組織としても成長できるでしょう。

2 メンバーの成長が加速する

リーダーシップを発揮するには、主体的に行動しなくてはなりません。責任感が芽生え、1つ1つの業務に対して工夫をしようとします。結果的に各メンバーの成長のスピードが加速します。

3 コミュニケーション力が向上する

リーダーシップとは「他者に影響を与えること」であり、相手にどうしたら動いてもらえるかを常に考えながら動く必要があります。

結果として、コミュニケーション力がアップしていきます。

全員がリーダーシップを発揮するようなチームは非常に強くなります。

昨今では、強い組織づくりを目的として、管理職になる前からリーダーシップを身につ

⑤リスク回避・探索型リーダーシップ

リスクを察知し、回避するための対策を起案し、先頭に立って進めていくタイプです。

⑥業務改善リーダーシップ

業務を進めていくうえでやりにくいと感じている人が多いものや、ムダになっているものを積極的に改善提案・実行していくリーダーです。

新しいソフトを導入したり、各部門の間に立って交渉を進めたりしていきます。

ある内容の知識が優れている傾向にあります。

⑦ファーストペンギン型リーダーシップ

失敗するリスクを回避しようとするより、行動しないことがリスクであると感じるタイプです。

誰よりも先に新しいことに挑戦してみるのが得意です。

新規開拓が得意であり、業界初という言葉に弱い傾向にあります。

⑧場づくり型リーダーシップ

イベントや食事会など、皆が交流する機会をつくって主催するタイプです。

社内外を問わず、誰かと誰かをつなぐハブ的な役割をします。

リーダーシップと聞いて、皆さんはどんなリーダー像を思い浮かべるでしょうか？

実は人の数だけ、リーダーシップの型があります。

皆さんには皆さんに合ったリーダーシップの発揮の仕方があるのです。

私が今まで見てきたリーダーシップをいくつかご紹介しましょう。皆さんのリーダーシップを発揮する際の参考にしてください。

①背中で見せるリーダーシップ

本書でも出てくる指示命令型リーダーシップであり、昭和の時代の多くのリーダーがこの型をとってきました。

②裏方リーダーシップ

他のメンバーが仕事をしやすいような仕組みをつくったりします。

会議などの運営をしたり、資料作成をしたりなどどちらかというと陰の部分に当たることをしていくリーダーシップです。縁の下の力持ち的な役割であり、気配りをしっかりできるタイプです。

③ワイワイ型リーダーシップ

プロジェクトチームを運営したり、新たに何かを生み出したりするタイプです。

１人で行動するよりは、仲間を巻き込んでワイワイガヤガヤしながら進めていきます。

④危機対応型リーダーシップ

平時は目立った行動はしないものの、非常事態になると活躍します。いざというときに頼りになるタイプです。

ける研修を行うところも増えてきました。
チーム運営において大切なことは、自分1人で何とかしようとしないことです。むしろ自分がいなくても回るチームをつくり、運営しましょう。

POINT 6

チームはみんなで運営すればよい

第8章

部下とのコミュニケーションで仕事時間が変わる

1 仕事に追われるリーダーは隙を見せないようにし、仕事が速いリーダーはいじられ役になる

Gさんは、10人もの部下を抱えるチームリーダーです。仕事時間の8割は部下に関することや部下の対応で追われていて、猫の手も借りたいほど忙しいのですが、その大変さをおくびにも出さずに仕事をしていました。

指導したり、指示をしたりするには、相手を不安にさせないことが大事だと考え、部下の前で弱みや隙を見せないことを自分に課していたのです。特に優秀な部下に対しては、常に威厳をもって接するようにしていました。将来、自分の地位やポジションを奪う可能性のある存在でもあることから、バカにされてはいけないと思ってのことでした。

チームのメンバーともあまり雑談しないため、1人でいることも少なくありませんでした。

Gさんの同僚にHさんがいます。やはりチームリーダーを務めていました。

GさんとHさんは良好な関係で、2人はよく話をしていたのですが、リーダーとしてのあり方は正反対と言えるほど違いました。

Gさんが強いリーダーとして振る舞っていたのに対し、Hさんは「これ、わからないんだよな、教えてくれる?」「もういっぱいだよ。明後日までに終わるか不安だから、ちょっと助けてくれるかな」と部下を頼りながら仕事を回していたのです。

飲み会などで部下からわざといじられることもあり、「上司っぽくない上司」と皆から言われていました。

繁忙期に入ってもHさんは、いつもの調子で周囲の人に頼って仕事を回し始めます。すると、チームのメンバーは不安を覚えたのでしょう。自分たちからHさんに「することがあるなら、早く回してください」「これは、この間のやり方と一緒ですよね? ならば、やっておきます」と声をかけ始めたのです。

一見すると、Hさんはリーダーとしての威厳がない、部下に頼ってばかりの格好悪いリーダーかもしれませんが、結果的に、Hさんのチームはいつもより残業が多少増えたくらいで繁忙期を乗り切ることができました。

いったい、なぜ、こんなにうまくいったのでしょう。

実は、Hさんの行動には考えがありました。**部下をただ頼っているように見せて、うまく権限移譲をしていたのです。**

部下に様々な仕事をしてもらうことによって成長を促すとともに、チームで動くことを基本とし、「この仕事は○○さんの担当だから」「この仕事はリーダーじゃないとわからないから」といった仕事の属人化のリスクを避けたのです。

リーダーはいつか今のチームを去るときが来ます。あるいは、体調を崩したりして、長く休むこともあるでしょう。そんな時でもメンバーがひるまず対応できるようにチームの力を整えておく必要があります。

Hさんの頼りない態度も、実は戦略でした。

頼りなげなリーダーの下では、「自分が頑張ってリーダーを支えないと」などと考える部下が出てきます。そうでないと、リーダーが部下たちの仕事にいつまで経っても取り組めないため、部下たちも仕事が終えられないからです。

一方、繁忙期のGさんのチームはというと、毎日、終電間際まで残業が続き、締め日には全員、くたびれ果てていました。何でもかんでもリーダーがやってくれるため、部下たちは「どうせリーダーがやってくれるし」と考え、ただ振られた仕事をやるのみなので、先が見えなかったためです。さらに、部下のほうからはGさんが何をしているかがわからないため、自ら主体的に行動し、チームとして動くという考えが思い浮かばず、ただ待つばかりでした。これでは、リーダーがいない状態が起きた場合、チームの仕事は崩壊してしまうでしょう。

また、両者の関係性ができあがっているわけではないので、Gさんが厳しすぎたり、叱咤したりするようなことがあると、部下たちがGさんに反発し、あら探しをして攻撃してくるようなこともあり得ます。

Gさんは、部下との関係性を意識しすぎた結果、「孤立」してしまっていたのです。

「孤立」という状態は、周囲からの協力体制が得にくくなります。

チームを運営する前に、まずはチームの一員となりましょう。

POINT 1

弱さを見せて「人たらし」になる

2 仕事に追われるリーダーは部下に考える時間を与え、仕事が速いリーダーは部下に制限を設ける

Iさんのチームには、何でもかんでも人に相談するJ君がいました。

彼は、わからないこと、不安なことがあると、すぐにリーダーであるIさんの元にやって来ては相談をします。Iさんがいないときは、他のメンバーに頼るため、仕事の妨げになるから注意してほしいと、他のメンバーから意見が上がりました。

そこでIさんはJ君を呼び、「わからないことがあったら、まず、自分で調べて考えてから質問して。以前に習っていないか確認してから質問しよう」と伝えると、戸惑いながらも「はい」と返事をしてくれました。

それからというもの、J君はむやみやたらに声をかけてくることはなくなり、先輩たちの仕事を妨げることもなくなったのですが、今度はインターネット（以下、ネット）やS

NSに頼るようになってしまいました。

「自分で考えることをしてくれないんですよね……」

研修後、面談にいらしたIさんは、困った顔でそう言っていました。


便利な世の中になり、たいていの情報はネット上で見つけることができます。

しかし、それで問題を解決することができるかというと、また別の話です。

なぜなら、ネット上で得られる情報は、インフォメーションであってインテリジェンスではないからです。

インフォメーションが加工されていない生データであるのに対し、インテリジェンスはインフォメーションを加工・分析したプロダクトです。

問題を解決するには、まずデータであるインフォメーションを集め、判断・行動のきっかけとなるインテリジェンスをつくる必要があります。いくら多くのインフォメーションをネット上で集めても、それが判断や行動のきっかけになるインテリジェンスにならなければ意味がないわけです。

例えば、会社の運営について知りたいと思ってネットで調べたところ、決算書というインフォメーションに出会ったとします。会社の運営において、決算書は確かに欠かせないものですが、たとえ決算書を作ることができても、それが経営者の「判断・行動」につながるインテリジェンスにならなければ前進することはできません。

この「インフォメーションをインテリジェンスにする力」がまだ身についていない人に対して、いくら「調べて考えて」と言っても問題解決に至らないのです。

おそらくJ君もその状態であることが考えられます。

「悩む」と「考える」はどちらも頭を使う行為であり、似ているようですが、中身はまったく異なるものです。

「悩む」とは仮説が描けないために思考が停止している状態で、「考える」とは、何らかの仮説を持って、その検証に向けて行動している状態です。

部下を「悩む」という状態にしておくのは時間のムダです。自分で考えるのはいいことのように思えますが、「悩む」の状態では前に進めないのですから先が見えません。

リーダーとして、部下には「考える」への切り替えを早めにしてもらうことが必要です。

面談でこの話をしたところ、後日、Iさんから連絡がありました。

Iさんは J 君に対して「10分考えてわからなかったらIさんに質問するように」というルールをつくったそうです。

このルールの良いところは、「10分」と時間を区切っていることです。明確な数字なので、J君も切り上げる判断がつきやすいでしょう。ここで「ある程度」など曖昧な言葉にしてしまうと、「ある程度ってどのくらいだろう」と悩んでしまいます。

リーダーとしても、忙しいときに部下が相談に来た場合、決まりがなければ「もう少し考えて」と言えてしまいますが、「10分」という決まりがあることで、対応せざるを得なくなります。

また、10分経過したらリーダーのほうから「問題なく進められそう?」と声をかけてあげることで、部下が相談に来やすくなります。

このルールができてからのJ君は、「考えたのですが、いい解決方法がわからなくて」という状態で来るようになりました。また、むやみに人に頼ることがなくなり上司や先輩の時間を奪うこともなくなり、J君自身も仕事が速くできるようになったそうです。

POINT 2

制限があることでお互いが集中して時間を使うことができる

3 仕事に追われるリーダーは報告をすぐに受け、仕事が速いリーダーは5分待ってもらう

リーダーのもとには、日々、部下が相談にやって来ます。

会社の代表として取引先とやりとりをする営業部のリーダーLさんのところには、ひきりなしに、部下や他部署の人たち、そして取引先が報告や相談にやって来ます。トラブルの報告も少なくありません。

Lさんは、それぞれに対して冷静に対応するために、行っていることがあります。

それは、報告に来た部下に、まず「良い報告？　悪い報告？」と尋ねることです。

いい報告ならばそのまま聞くようにします。

しかし、悪い報告の場合は、感情をコントロールする儀式を行います。

「わかった。聞く前にちょっと心を落ち着かせてくるから5分後の15時30分から聞くよ」

と言って話を聞く時間を指定し、席を立ちます。そして、会議室やお手洗い、外などに行って誰からも見られていないことを確認したうえで、「あいつ、またやらかしたのか。まったく、どうしたら成長してくれるんだ……」などと声に出して感情を吐き出し、怒りの感情とおさらばしてから席に戻ります。

事前に心を整えることで、冷静に部下の話を聞くことができ、対策を練ることができるというわけです。

トラブルには1分1秒でも早く対応すべきであって、報告を聞くのを後回しにするのはいかがなものか、と思う人もいるかもしれません。

ですが、何の心の準備もないままトラブルの報告を聞き、リーダーが焦ってしまうと、部下はもっと焦ってしまって報告がろくにできなくなってしまうこともあります。リーダーが怒りの感情をぶつけてしまい、部下との関係がこじれることだってあるでしょう。

また、「急いては事を仕損じる」という言葉があるように、感情の整理をしないまま話を聞くことで間違えた判断を下してしまうことにもなりかねません。

リーダーとしてベストな対応をするためにも、いったん心を落ち着かせたうえで状況を

把握することです。冷静に対策を立てることができ、トラブルの対処を間違えずに済むのです。そうすることで、トラブルを長引かせたり、無用なトラブルを引き起こしたりせずに済み、時間をムダ遣いすることもなくなります。

どうしても緊急の対応が必要な場合は、近くにある飲み物を飲むか、心を落ち着かせる言葉を唱えるといった方法をとるのがいいでしょう。

感情をコントロールする儀式は人それぞれですが、会社でこっそりできるものをご紹介しましょう。

1　飲食をする

「水を飲む」「好きな紅茶を淹れる」「チョコレートを食べる」など、何かを食べたり飲んだりすると心が落ち着きます。

2　癒やしや笑いの動画を3分観る

「怒る気がなくなるかわいい猫の動画を観る」「お笑い動画を観る」なども有効です。

3 体を動かす

体操をしたり散歩をしたりと体を動かすと自然と平常心に戻ります。

4 言葉を唱える

自分の心を落ち着かせる名言を読んだり、「まあいいか」「怒らない、怒らない」などと言葉を唱えたりして感情を導くことができます。

ちなみに、この感情コントロールのための儀式は、某プロスポーツチームの監督も実践しているそうです。試合に負けた日はミーティングの前にこっそりトイレに行き、「なんでできないんだ！」と言ってペットボトルを握りつぶしてゴミ箱に投げ込んでいるそうです。

リーダーが感情をコントロールして落ち着いていると、パニックになっている部下も落ち着くことができます。その後の時間を有意義に使うことができます。

たった5分で感情コントロールとタイムマネジメントができるのです。

POINT 3

たった5分で展開は大きく変わる

4 仕事に追われるリーダーは好感度を上げようとし、仕事が速いリーダーは好感度を気にしない

ハラスメントの問題もあり、部下を「怒ってはいけない」「褒めて育てる」という風潮が定着しつつあります。「自分は褒められて伸びるタイプです」と公言する新入社員も少なくないという話も聞きます。

実際、褒めると部下の承認欲求が満たされ、モチベーションが上がるため、「褒める文化」がここまで浸透したのでしょう。

リーダーMさんは、部下には気持ち良く仕事をしてもらったほうがいいと考えていました。些細なことであっても、仕事で成果を上げたり、良い言動があったりしたときは、すぐに声をかけて褒め、一方で、多少部下の仕事が遅かったり、成果が挙げられていなくても、

「本人は頑張っているのだから」と注意しないようにしていました。

そんなMさんのあり方は部下に好かれ、「Mさんの下では仕事がやりやすい」などと言われるように。

傍から見ると、Mさんのチームはとてもうまくいっているようでした。でも、その実態は課題だらけでした。というのも、部下たちがMさんが怒らないのをいいことに、不要な仕事に時間をかけたり、あまり売り上げの出ないお客様に時間をかけたり、資料作成にこだわったりと思いのまま「自分らしく」仕事をしていたからです。当然、成果も上がりません。

そんな状況にもかかわらず、Mさんは部下のモチベーションを下げないようにと、彼らの仕事を増やしたり、注意したりすることなく、自分がフォローすればいいと仕事をどんどん抱え込み、仕事に追われるようになってしまいました。

それから間もなくして、不思議なことが起こりました。

Mさんから部下の心が離れていってしまったのです。

リーダー向けの研修のワークに「今まで仕えてきたリーダーのなかで感謝しているリーダー」について思い出して話してもらうというものがあります。

受講生の回答は、「当時は厳しいことも言われたけど、今の自分を作ってくれた（成長させてくれた）リーダー」という回答がほとんどです。

Mさんとは真反対のリーダー像ですね。


Bさんは、部下を「怒ってはいけない」「褒めて育てる」という風潮に流されず、部下教育をしています。部下からどう思われるかではなく、部下たちを伸ばすためにすべきことをしっかりやるべきと考え、改善点はきちんと指摘しますし、必要な時は叱ります。仕事を任せて負荷をかけることもします。

部下から不平や不満の声が上がることもありますが、Bさんは揺らぎません。

言いにくいことであっても、部下が不快な気持ちになったり、モチベーションが下がったりする可能性があったとしても、部下を成長させるのがリーダーの役割なので、しっかり指導します。

Bさんのぶれない姿に、部下たちも仕事の仕方を工夫しますし、成果も挙げてきます。

また、本人たちがプレイヤーからリーダーになったときのために、視点を日ごろから高く持ってもらうために、部内の業務マニュアル改訂という仕事も頼んでいます。改訂作業をしながら仕事を学べるというわけです。反対に「ここはこうしたほうがスムーズに仕事が進むだろう」と広い視野での気づきも生まれ、仕事も速くなっていきました。

仕事がやりやすい雰囲気をつくって部下からの好感度を上げようとしても、それは一時的なものでしかありません。ましてや、部下の成長にはほぼ関係しません。

それよりも部下の成長を重視して、行動改善を促すようにしていきましょう。

無理に嫌われる必要はありませんが、好感度よりも部下の成長を重視すること。結果的に部下の仕事のスピードは上がり、仕事を任せられるようになります。

リーダー自身も仕事に追われる状態から卒業できて、チーム全体として仕事が速くなります。嫌われる勇気を持ちましょう。

POINT 4

大事なのは今だけではなくこれから

5 仕事に追われるリーダーは「快適」を重視し、仕事が速いリーダーは「協働」を重視する

MさんとNさんは、リーダーとしてそれぞれチームを任されることになりました。

Mさんは、リーダーとして皆が気持ちよく働ける環境をつくることがチーム運営において大事だと考え、メンバーの「心理的安全性」を担保することを重視しました。

「自分らしくいられる文化」「否定しない文化」を浸透させ、「快適」な環境をつくれば、チームのメンバーが高いパフォーマンスを出せると考えたのです。

ところが、「快適」であることを最優先にしてしまったため、「自分らしくいていいんだ」と勝手に捉え負荷のかかる仕事をしようとしない、現状のままで居心地が良いから新しいチャレンジをしないというメンバーばかりになってしまいました。

「否定しない」をうたっている以上、メンバーが業績を上げていなくても厳しく言えず、

その尻ぬぐいのためにMさんをはじめとするリーダー職や管理職のメンバーがより多くの仕事をしないといけない状態に陥ってしまったのです。

さらに、負荷がかかっている他のメンバーからも「自分らばかり仕事量が多くておかしい」と不平が上がり始めました。仕方がないのでMさん自身がリカバリーに入ることにしたのですが、負担が増える一方で、時間がいくらあっても足りない状態になってしまいました。

「自分らしく」を重視するメンバーはいつまで経っても同じ仕事しかしないため、成長できないままです(他チームの同期と大きく差をつけられたメンバーもいました)。当然、チームとしての力も伸びないため、この状況は悪化をたどるばかりでしょう。

一方、Nさんのチームでは、チーム力を上げようと「協働」を重視した運営をすることにしました。**協働とは、共通の課題や目標に対して、対等な立場で協力し合うことです。**

Nさんは、メンバー全員の負荷を上げ、さらに責任感を持たせることにしました。

具体的には次の2点を意識しました。

1　少し難易度の高い仕事を与える

仕事は難易度に応じて次の3つに分けられます。

・安心ゾーン▼現状のスキルや知識で100％できる仕事を指す
・挑戦ゾーン▼現状のスキルや知識にプラスで少し負荷がかかる110～120％の状態の仕事を指す
・混乱ゾーン▼現状の知識やスキルでは非常に難しく、150％以上の負荷がかかる仕事を指す。

これらのうち、中間である「挑戦ゾーン」の仕事をしてもらいます。

2　責任を持たせる

「責任」を持って仕事を担当してもらいます。

もちろん、部下だけに責任を押しつけるわけではありませんし、最終的にはリーダーが責任を持つのですが、リーダーだけが責任を持つ状態は部下の成長につながりません。

そのため、部下にも責任を意識してもらうのです。

責任は次の3つの種類に分けられます。

・遂行責任 ▼ やり遂げる責任
・報告責任 ▼ 報告する責任
・結果責任 ▼ 結果に対しての責任

このうち、「遂行責任」と「報告責任」を部下とリーダーが一緒に持ちます。いわゆる「協働」です。

そのうえで、「結果責任」はリーダーのみが負うようにします。

例えばOさんにアルバイト採用の仕事を責任者として任せるとします。Oさんにはこれまで2年ほど、リーダーの下でサブとしてこの仕事を担当していた経験があります。

今回の採用活動では、20人応募に来てもらうことが目標です。

この時、Oさんに求人広告の文面やコピーを考え、予算管理などすべての運営・進行をさせるのは「混乱ゾーン」になります。広告の文面はリーダーが対応し、予算の中で媒体を選び、20人応募に来てもらうにはどうすればよいかをOさんに考えてもらうのが「挑戦ゾーン」です。すべてリーダーが考え、それをただ進行するだけであれば「安心ゾーン」になります。

Oさんには週ごとに報告をさせ（報告責任）、そこで決まったことの対応、求人広告から1次面接までを責任を持ってやり切ること（遂行責任）を求めます。しかし、仮に応募者が10人以下しかなかった場合は、リーダーのみが責任をとります（結果責任）。

協働であっても、このように新しい仕事で負荷をかけることは、当然、部下も不安を感じます。この時に、安心して取り組んでもらうためにも「聞いても大丈夫」「そんなの知らないと評価下げることはない」と最初に伝え、「心理的安全性」の担保することは絶対です。

この担保があるとないとで、結果が大きく変わることは否めません。仕事の説明と同時に伝えましょう。

昨今の社会の風潮から「心理的安全性」に関して間違った解釈をして「何でも自由にさせればいい」と思っている人が少なくありません。

ですが、仕事である以上、成果や成長が求められるのは当然のことです。

お互いが仕事に励むという前提があるうえで心理的安全性を担保するのです。つまり、「責任を持ってやってもらったことに対して、怒ったり評価を下げたりすることはないよ」と心理的安全性を担保するのは責任を持つこととセットである旨を部下に示すことで、Ｍさんのチームのようなことになるのを防ぐことができます。

お互いが適正に仕事ができる環境をつくりましょう。

POINT 5

「一緒に働きたい」と思える場づくりをする

6 仕事に追われるリーダーは意志を強く持つように伝え、仕事が速いリーダーは解決策を明示する

若手社員のS君は、頼まれると断れない性格でした。

断らないので、先輩や他の部署からひっきりなしに仕事を頼まれ、残業になることもしばしば。キャパシティーを超えているのは明らかでした。

そんなS君の様子を見て、前年度までリーダーだったTさんは、「1人でそんなに抱えると、できなかったときに皆に迷惑がかかっちゃうよ。自分がきちんと対応できる量を把握して、あとは断らないと」と指導していたのですが、状況は変わらず、Tさんが常にフォローに入り続けるほかありませんでした。

今年度からS君の上司となったUさんは、仕事が速いと評判の人です。

Tさんから状況を引き継いでいたのでしょう。着任早々、S君に声をかけて面談を行い、次のような提案をしました。

「S君、現在、どんな仕事を抱えているかを『見える化』しよう」

いわゆる業務一覧表の作成を指示したのです。

以前、「名前のない家事」の存在が注目されたことがありましたが、仕事も同じで、業務の中には他の人からは見えない隠れ業務や、名前のない業務も少なくありません。意外に時間をとられていることに気づきにくい業務もあります。

流れの中で対応している業務は、担当している本人ですら意識できていないことが多いので、それらをあえて書き出して認識することが必要だとUさんは判断したのでした。

隠れ業務は主に3種類あります。

1 地味だけど定型でやらなければいけない業務

・ホームページの更新
・廃盤商品・新商品リリースの一斉送信

・毎週木曜日までに提出する会議資料の作成

2　誰かに頼まれた時間を要する業務

・T社に毎週送っているデータの作成
・H社のコンペで使う提案書の作成の補助
・経営会議で使う商品別・地域別売上データの作成

3　属人化した業務

・備品の発注
・新入社員や中途採用社員の入館証の作成

業務一覧表を作成したことで、S君がどんな仕事をしているかをUさんが把握したうえで、生産性の低い仕事をやめさせたり、頼んだ本人に仕事を戻して自分で担当するよう伝えたりと、具体的な改善のアドバイスや対策をとることができるようになりました。

目の前の現状を変えるには、まず見える形にするほかないのです。

さらに、仕事の優先順位の付け方を指導できたことで、S君が自分で適切な状態で仕事ができるようになっていったのです。

こうしたマイクロマネジメント（上司やマネージャーが部下の業務を細かく管理すること）は、部下のモチベーションを下げる場合もありますが、パンクしている部下がいるのであればしっかり行うべきでしょう。毎日朝夕2回程度のアドバイスならリーダーの負担にもならないはずです。

また、年間を通してどのような仕事があるか、繁忙期がいつになるかといったことを前もって整理し、社員に明示・共有しておくといいでしょう。

そうすることで、仕事を頼む側も早めに頼もうという意識が出てきます。

・11月第4週から12月第1週は年末の全社イベントの準備が忙しい
・1月第3週からは2月第1週までカタログ作成の業務が入る
・3月第3週から4月いっぱいは新入社員につきっきりになる

仕事を速くするいちばんの方法は一部の仕事をやめることです。
しかし自分では、やめるべき仕事がどれか、なかなか気づけないものです。見える化して、客観的な視点でリーダーがアドバイスしましょう。

POINT 6

見える化することで仕事の量を正しく認識・調整ができる

第9章

自分を成長させる時間術

1 仕事に追われるリーダーはテクニカルスキルを学び、仕事が速いリーダーは古典を学ぶ

1人の人が人生で得られる経験は限られています。

しかし、本を読むことで、多くの人の経験を学ぶことができます。

リーダーになると、なかなか弱音が吐けず、身近に相談できる人がいないこともあるでしょう。また、状況が違うとわかってもらえないことも多く、孤独を感じるという話もよく聞きます。そんなときに助けになってくれるのが本なのです。

私もリーダーとして悩んでいるとき、仲良くしていた同期のリーダー仲間にすら本音が吐けず、苦しい思いをしていました。そんなときに、書店で1冊のリーダー本と出会い、救われたことがありました。誰かしら自分と同じ悩みや経験があるもので、その本には、私が同期に相談できなかったことの答えが、著者の経験とともに書かれていたのです。

そのような貴重な情報を1000円から3000円で得られるなんて、コスパの良さは半端ないです。私はこれまで累計で1万冊以上の本を読んでいますが、毎回たくさんの学びや気づきがあり、本があったからこそ人生の幅が広がったと思っています。それがなければ、今のように人前で話したり、このように本を書いたりすることもなかったでしょう。皆さんにも、たくさんの本に出会っていただきたいものです。

とはいえ、本は1日に200冊くらい出版されており、しかも、人生の時間は限られていますし、リーダーは本当に忙しく、なかなか読書に時間を回すことは難しいでしょう。

セミナーなどで本の話をすると、受講生の方から「どんな本を読むべきか」という質問をよくいただきます。「限られた時間で読むからには失敗したくない」という方もいました。

まずは、今の自分に合った本を選び、読んでみてください。

ただし、同じようなテーマのものばかりを手に取っていると偏りが出てしまうので、あえて視点を変えるような本を選ぶといいでしょう。

リーダー本ばかり読んでいると、リーダーのことしかわからなくなってしまいます。あるリーダーは、リーダー本をもちろん多く読むのですが、部下向けの本、経営者向けの本なども読み、それぞれの立場を理解できるようにしているそうです。

「どんな本を読むべきか」と質問してくださった方にお伝えしていることが、実はもう1つあります。

それは、「古典を読みましょう」ということです。

古典なんて、古くて現代にはあまり役に立たないのではないかと思う方もいらっしゃるかもしれません。

ビジネスパーソンとしては、やはりビジネス書を読まなければと思うでしょうし、仕事で使える考え方やスキルを体系的に学べるのも本の良さです。目の前の問題をすぐに解決できる方法を教えてくれる本もたくさんあります。

ですが、多くのビジネス書を読んでいるにもかかわらず、仕事がうまくいかない人もいます。

かつて私は、リーダーになってから降格人事を味わいました。その頃もビジネス書は読んでいました。なのに、降格となったのです。

その理由は、人間力の欠如でした。

目の前の問題は本から学んだスキルで対応できても、チームの運営や部下の育成といった時間をかけて取り組むべき問題にうまく対処できず、降格人事を受けたのです。

ここまでお話ししてきたように、リーダーの仕事は、部下や他部署の人たちと関わることも少なくありません。そこで必要となるのは、単なるスキルやテクニックではなく、人としての対応力です。**極論を言うと、人間力を持ち、人との信頼関係を構築するのが上手でありさえすれば、多少スキルがなくてもそれを補うことができるのが、リーダーの仕事であると言っても過言ではないくらいです。**

そして、この人間力を学べるのが古典なのです。

著名な経営者の方々の多くが『論語』『孫子』といった古い中国古典や、欧米の古典『自助論』『君主論』などを読んでいます。人として生きていくのに大切な「人間力」や人間関係を構築していく力は不変なものだからです。

古典はビタミン剤のようなもので、ビジネス書のように何かのスキルを習得してすぐに仕事の問題を解決することができるような特効薬ではありません。しかし、気づいたときに大きな人間力が備わっています。焦らず、読み続けてください。

POINT 1

本は相談しなくても解決策を教えてくれる心強い味方

2 仕事に追われるリーダーはネット書店のみを利用し、仕事が速いリーダーは定期的にリアル書店に足を運ぶ

仕事に追われるリーダーAさんは、Amazonや楽天ブックスなどのネット書店をよく利用しています。リアル書店に足を運ぶ時間がなく、YouTubeの本紹介のチャンネルやXなどで本の情報を仕入れていて、リンクをクリックすれば購入が完了できるからです。たしかにクリックすれば自宅に本が届くのは、時間もだいぶセーブできるので、忙しいAさんにとっては助かっているようです。

一方、仕事が速いリーダーBさんは、定期的にリアル書店にも足を運ぶようにしています。時間があるときに行くのではなく、予定に組み込んで書店にわざわざ出向く理由は、予期せぬ本との出合いがあるからです。ネット書店だと目的の本を探すのは楽ですが、見知らぬ本や、普段、手に取らないような本と出合うことはほとんどありません。

よって、偏りが出てしまうのです。

食事が身体に栄養を補給しているように、本は心と頭に栄養を補給するものです。私は「本は心と頭のビタミン剤」と言っています。食事は偏らずにバランスよく摂らなくてはならないように、本もバランスよく読んでいく必要があります。

バランスよく読むために、私もリアル書店に足を運んで本と出合うようにしています。その際、次の3点を心がけています。

1 大型書店の普段行かないコーナーに立ち寄ってみる

私は、7年くらい前まではビジネス書のコーナーにしか足を運んでいませんでした。しかし、あるとき調べ物のために歴史本のコーナーに立ち寄った際に、哲学の入門書を見つけました。哲学は、リーダーにとってはもちろんのこと、ビジネスパーソンにとって非常に参考になる本が多いです。前向きな気持ちになれる言葉や、壁にぶつかったときや失敗したときに「また明日からやるぞ」と思えるようになる言葉も詰まっています。

本書で紹介した哲学者のヒルティやエピクテトス、キルケゴールなどの本を読むことで、私自身もだいぶ心が落ち着くようになったと感じています。

2　エキナカ書店など小規模や中規模書店に立ち寄ってみる

出張などの際には、便利なエキナカ書店もよく利用します。このタイプの書店ではベストセラーのトレンドを知ることができます。スペースが限られているので売れ筋の本や出版社イチオシの本が並んでいます。売れ筋の本しか置いていないので、掘り出し物に出合う確率は低いですが、失敗する確率も低いです。

最近では、『ウォード博士の驚異の「動物行動学入門」動物のひみつ 争い・裏切り・協力・繁栄の謎を追う』（ダイヤモンド社）という本と出合い、視野が広がりました。

3　一期一会を大切にする

書店で出会った本は一期一会と思ってできるだけ購入するようにしています。

ふとひらめいたアイデアをメモに書かずにいたら、数分後には、「あれ、なんだったたっけ？」と思い出せなくなっていたなんて経験は誰しも持っているのではないでしょうか。同じように書店の棚から手に取ってパラパラとめくって「いいな」と思った本を、他のコーナーも見てみようといったん棚に戻したら、「なんだったたっけ？」と忘れてしまったことがありました。

それ以来、買い物かごが設置されている書店では必ず、かごを持って気になった本はどんどん入れるようにしています。

一見、自分には関係なさそうなのにタイトルやカバーに惹かれて購入した本が、仕事に活きるケースは少なくありません。

私も「あのプロ野球の監督が本に書いていたことが、チームで活かせるかもしれない」なんてことがありました。偶然、出会った人が大きく影響を受けることがあるように、本との出会いから大きな影響を受けることがあります。**俯瞰的な視点が必要なリーダーだからこそ、いろいろな本と縁をつくっていきましょう。**

POINT 2

偏った情報の中で生きていると成長が止まる

3 仕事に追われるリーダーはニュースをくまなくチェックし、仕事が速いリーダーは情報をシャットアウトする

仕事に追われるリーダーCさんは、世の中の動きに敏感であるべきだと考え、新聞やネットニュースはもちろん、YouTubeやX、SNSまでチェックをするようにしています。

情報を得ようと前向きなのは良いことですが、現代は情報が絶え間なく流れており、下手をすると情報の洪水に押し流されてしまうこともあります。実際Cさんは、ネガティブな情報に振り回されることが多くありました。自分に関係のないことで落ち込んだり、傷ついたりすることもあり、心が疲弊してしまう日も珍しくありません。

『News Diet』（サンマーク出版）の著者ロルフ・ドベリは、「ニュースを生活から完全に排除することが、情報があふれる世界で、より良く生きるための唯一の方法だ」と言っています。自分の人生に雑音を入れないようにしましょうと言っているわけです。

心がざわつく投稿やニュースを目にすると、集中力が削がれますし、精神衛生上も好ましくありません。

本当に必要な情報だけを取り入れ、それ以外の情報は意識的にシャットアウトするようにしましょう。

リーダーになって間もないDさんは、情報との付き合い方に悩んでいました。

『News Diet』も読み、尊敬する人々が「情報を遮断すべきだ」と言っているのも知っていましたが、リーダーという立場でありながら情報を遮断していいのか、何かあったときに知らないことがあることで、さらにトラブルが発展してしまうことはないのか、という不安があったからです。

就職活動の際に「マナーとして日本経済新聞は読んでおくこと」と言われたうえに、実際、ＳＮＳの閲覧で得た情報に助けられたこともありました。

リーダーという立場上、部下を成長させるためにも、さまざまな情報を知っておきたいという考えはよくわかります。部下に、「そんなことも知らないのですか？」と言われることに恐怖を感じる人もいるでしょう。

それでも、私は「情報をシャットアウトしましょう」と、研修でリーダーの方々にお伝えしています。

なぜなら、リーダーをしているだけで、日々、たくさんの情報に触れていて、その情報量だけでも脳は疲れているうえに、情報を追いかければ追いかけるほど余計なニュースを目にする機会が増え、どうしたって心がざわざわしてしまうからです。

元メジャーリーガーのイチロー氏は、現役時代にはスポーツニュースを目に入れないようにしていたそうです。読むと焦りやプレッシャーを感じ、心が揺れてしまうからだそうです。

常に冷静に見えるあのイチロー氏ですら、自分のパフォーマンスを保つために、情報を遮断をして心を守っていたわけです。

いきなり全部を遮断するのは怖いと思う人は、少しずつ減らしてみて、自分にどんな影響があるかを感じてみるといいでしょう。まずは1日、SNSやネットニュースの閲覧を中断してみる。そして、そのことでどんなマイナスがあったかを見てみる。もし、次の日もチャレンジできるようだったらやってみる。その繰り返しでだんだんと遮断していくのです。

Dさんもだんだんと遮断をするようにしたところ、「知らないことがあっても大丈夫」と思えるようになり、「情報を得ないといけない」などと焦らないようになりました。

さらに、ニュースなどは点の情報であり、短期的にしか記憶に残らないので、本のような体系的な理解や長期的に印象に残る知識になりにくいことから、不用に情報を追いかける必要がないと気づいたそうです。

時代が変わり、現在は自分たちで情報をとりに行くのではなく、ＡＩが情報を拾ってくれるようになりました。情報の探し方、いわゆる検索のコツを抑えておけば、必要な情報は届き、余計な情報に振り回されることもなくなります。

情報との付き合い方を見直すタイミングとして、一度考えてみてください。

POINT 3

ムダに情報を追いかけて時間を失わないように気をつける

4 仕事に追われるリーダーは「学び時間」を設け、仕事が速いリーダーは「隙間時間」と「ながら時間」で学ぶ

Eさんは、毎朝1時間、学びの時間を設けています。

ところが最初の3日は続いたものの、4日目にストップしてしまいました。前日の夕方、取引先から急な見積もりの依頼があり、その日に限って会食だったことから手が付けられず、学びの時間を予定していた早朝に出社して見積もりを作成しなくてはならなくなったためです。結局その日は疲れてしまい、家に帰ってからも「学びの時間」を確保することができませんでした。

以降も何だかんだと急ぎの仕事が入ったり、出張があったりと学びに集中することができないまま、手帳の「学びの時間」の文字だけが悲しく光っている状態です。

ある程度のまとまった時間を確保していても予定が侵食されてしまうケースは少なくあ

りません。急ぎの対応を求められることもあるでしょう。

Eさんもだんだんと「『学びの時間』に仕事の対応をすればいいか」と学びを後回しにするようになってしまいました。

仕事のために学ぼうと思っているのに、仕事に振り回されるなんて残念ですね。

以前、日本全国を飛び回っているGさんというリーダーとお会いした際、あまりに知識が豊富だったので、どのように勉強しているのか、質問したことがあります。

すると、彼は仕事柄、予定が組みにくいところがあるため、「ながら時間」と「隙間時間」のみを学びに充てることにしていると教えてくれました。

具体的に言うと、「洗濯機を回している時間」「お風呂を沸かしている時間」「通勤時間」などです。どれも生活の中で削除できない時間です。ある意味「待機する時間」ともいえ。人にもよりますが、これだけでもある程度の時間を確保できると気づいたのだそうです。

また、Gさんはできるだけ各駅停車の電車に乗り、その移動時間も学びに充てているとのことでした。あまり混雑しないし、電車のゆったりした揺れが心地よく、心も疲れなくて済むそうです。

Gさんのように各駅停車の電車に乗ることが難しい人は、「オーディオブック」や「YouTube の音声のみのコンテンツ」などで耳から学ぶのもいいでしょう。音声だと、駅までの徒歩の時間も有効活用できます。私も散歩しながら、音声を聴いて学んでいます。

隙間時間の勉強は、事前準備が肝心です。隙間時間は、ほんの数分しかなかったり、待ち合わせをしていた人が遅れることになったなどで、急に訪れたりするものだからです。時間ができてから何をするかを決めるのではあっという間に終わってしまいます。

いつ隙間時間が訪れてもいいように、鞄に本を入れておけば、すぐに取り出すことができますし、スマホに音声を入れておけばすぐに再生できるでしょう。

「隙間時間を学びの時間とすることで、相手の遅刻にイライラせずに済むどころか、逆にラッキーに思えてゆったりした気持ちで待っていられるので、お得ですよね」とGさんは笑っていました。

ちなみに私もGさんと同じく、ながら時間&隙間時間&移動時間を学びの時間としており、私の鞄の中には、常に3冊の本が入っています。

学びの時間に何をやるかは5分、10分、15分、30分のパターンで決めておきましょう。私は次のように準備しています。

・5分　1項目2ページでまとめられたライトなエッセイを読む（鞄の取り出しやすいポケットに入れている）
・10分　ライトなビジネス書を読む（鞄の取り出しやすいポケットに入れている）
・15分　YouTubeで古典の解説動画を見る（学ぶ予定の動画を保存しておく）
・30分　本格的なビジネス書を読む（スマホにダウンロード済）

リーダーという立場は、自分の仕事すらなかなか予定通りにできないものなので、学ぶ時間を確保するのはさらに難しいという話をよく聞きます。Eさんのように勤務時間以外であっても予定を変えざるを得なくなることも皆さんにとっては他人ごとではないでしょう。

時間に振り回される日常だからこそ、割り切って活用してしまいましょう。

ながら時間＆隙間時間を合算するとかなりの時間数になります。侮れませんね。

POINT 4

自分で予定は立てにくくても、得た時間の使い方は自分で決められる

5 仕事に追われるリーダーは安い店しか行かず、仕事が速いリーダーは空間にお金をかける

仕事に追われるリーダーFさんは、食事や休憩をするとき、「とにかく安い店」を選ぶようにしていました。忙しくてゆっくり過ごすことができるわけではないことから、場所にお金を使うことに意味を感じなかったからです。

あるとき、他社のリーダーの人たちと情報交換のための交流会をすることになり、Fさんはお店選びを任され、おいしくて安い居酒屋を選びました。すると、学生のようなノリで大騒ぎをする社会人が隣のテーブルで飲んでいて、せっかく情報交換のために集まったのに、お互いの話があまり聞こえず、まったく盛り上がりませんでした。お開きになったあと、参加者の1人から、忙しい中、皆さんの話が聞けると思い必死で参加したので、もう少し静かなお店だったらなと、非常に残念な思いをしました、と言われてしまいました。「また

やりましょう」と言って解散したのですが、次の会が開かれることはありませんでした。

安価だから悪いと言っているわけではありません。過ごしやすいお店もあるでしょう。しかし、安くて騒がしいお店を会食の場に選ぶことは、相手に「自分はその程度の人間だと思われているのかな」と感じさせてしまう可能性があります。

リーダーともなると、さまざまな人と会食に行く機会があるでしょう。

部下と食事に行くことだってあるでしょう。

せっかくのコミュニケーションの機会に、騒がしくて話が聞こえにくいお店に行くのは、やはりもったいないです。きちんと話ができる、雰囲気のよいお店に行ったほうが、相手も「私の話を聞いてくれようとしている」と感じます。

同じメンバーで同じ時間を過ごしても、場や空間が変わればそこで得られるものはまったく違うのです。

自分が過ごす空間にお金をかけるのは、食事をするお店に限ったことではありません。

私は研修やセミナーの講師、あるいはコンサルティングの活動でよく新幹線を利用するのですが、たいていの場合、グリーン車に乗るようにしています。依頼先から支給される交通費が普通車の分の金額しかなくても自分で足してグリーン車に乗ります。

それは体への負担が減り、執筆やインプットに集中できるからです。グリーン車には酔っぱらっている人がほとんどいませんし、非常に静かです。席も広いため、読書に集中できますし、今ちょうどこの原稿もグリーン車で書いています。

宿泊を伴う出張の場合は、ホテルにも多少のお金をかけるようにしています。

もちろん、出張のたびに四つ星以上のホテルに泊まるわけにはいかないですが、ある程度の広さの客室があるホテルを選びます。企画を考える場合は、高級ホテルのラウンジなどに行きます。価格は安くはありませんが、リラックスできて、心や脳が開くのか、アイデアがどんどん浮かんできます。

「空間にお金をかける」ことは、自分への投資です。そして、それは何倍にもなって返ってきます。

限られた時間を、「どう過ごすのか」、そして、「どこで過ごすのか」を意識して選ぶようにしましょう。

POINT 5

適した場を選ぶのではなく、こうしたいという場を選ぶ

最後までお読みいただき、ありがとうございました。

いかがでしたでしょうか。


ぜひ本書の内容を活用して、「仕事に追われる状態」を脱して、「仕事が速いリーダー」になり、仕事もプライベートも楽しく充実したものにしていただけたり、さらに円滑に仕事を進められる仕組みをつくってチーム力を高めていただいたりするきっかけになれば幸いです。


本書では52個のタイムコーディネート術を紹介しました。

まずはどれでもよいので、できそうなものから１つを選んで実践してみてください。

そして、それを３週間続けてみましょう。

３週間続けると、しっかり身につき、習慣化できます。

その際、ＳＮＳなどを使って公開宣言するといいでしょう。

人は言動と行動の不一致を嫌うので、宣言したことで強制力が働き、続けざるを得なくなります。

習慣化できたら、新しい項目にチャレンジしてください。


なお、実践してみて「うまくいった」「こんな気づきがあった」など、皆さんのリーダー生活に変化があれば、ぜひ「＃吉田幸弘」のハッシュタグをつけてＳＮＳに発信し、お声を聞かせてください。

本書をボロボロになるまで活用していただき、時間を有意義に使いこなすことができるようになっていただけたら、著者としてこの上ない喜びです。

吉田幸弘

著者紹介

吉田幸弘（よしだ・ゆきひろ）

リフレッシュコミュニケーションズ代表
コミュニケーションデザイナー・人財育成コンサルタント・上司向けコーチ

成城大学卒業後、大手旅行会社、学校法人を経て外資系専門商社へ転職。5ヵ月連続で営業成績トップとなりマネージャーに昇格するも、3ヵ月連続で退職者を出してしまう。深夜にまで及ぶ残業と目標達成へのストレスから、部下にも同僚マネージャーにも退職予備軍が多数いるのを知り、タイムマネジメント及びストレスマネジメントの本や中国古典を50冊以上読み漁り、仕事を減らす方法とモチベーションアップの方法を生み出す。その結果、自分自身と部下11名の業務を大幅に減らし、残業を3ヵ月でゼロに導くことに成功。メンバーのパフォーマンスもよくなり、売上が前年比20％増、3年連続MVPに選ばれる。

2011年人財育成コンサルタント・コミュニケーションデザイナーとして独立。オリジナルのリーダーシップ論・マネジメント論を確立し、コンサルティングや講演・研修などを行っている。累計の受講者数は3万5000人以上。

『おはよう日本』(NHK)、J-WAVE、日経ビジネス等、テレビ、ラジオ、雑誌にて紹介される人気講師。著書に『仕事が早く終わる人、いつまでも終わらない人の習慣』(あさ出版)、『リーダーの一流、二流、三流』(明日香出版社) など。

仕事《しごと》が速《はや》いリーダー
仕事《しごと》に追《お》われるリーダーの時間《じかん》の使《つか》い方《かた》　〈検印省略〉

2025年　1　月　30　日　第　1　刷発行
2025年　6　月　2　日　第　3　刷発行

著　者――吉田 幸弘（よしだ・ゆきひろ）
発行者――田賀井 弘毅

発行所――株式会社あさ出版
〒171-0022 東京都豊島区南池袋 2-9-9 第一池袋ホワイトビル 6F
電　話　03 (3983) 3225 (販売)
　　　　03 (3983) 3227 (編集)
F A X　03 (3983) 3226
U R L　http://www.asa21.com/
E-mail　info@asa21.com
印刷・製本　(株) 光邦

note　http://note.com/asapublishing/
facebook　http://www.facebook.com/asapublishing
X　https://x.com/asapublishing

ISBN978-4-86667-712-5 C2034